희년, 다시 시작하는 교회

## 희년, 다시 시작하는 교회

지은이 | 국명호 외 성도 일동
초판 발행 | 2022. 8. 24.
등록번호 | 제1988-000080호
등록된 곳 | 서울특별시 용산구 서빙고로 65길 38
발행처 | 사단법인 두란노서원
영업부 | 2078-3352  FAX | 080-749-3705
출판부 | 2078-3331

책값은 뒤표지에 있습니다.
ISBN 978-89-531-4285-5 03230

독자의 의견을 기다립니다.
tpress@duranno.com   www.duranno.com

- 이 책의 저작권은 저자와 독점 계약한 두란노서원에 있습니다. 저작권법에 의하여 한국 내에서 보호 받는 저작물이므로 무단 전재와 무단 복제를 금합니다.
- 이 책에서 인용한 《오직 한 길》의 내용중 일부는 저자와의 협의하에 수정, 보완하였습니다.

두란노서원은 바울 사도가 3차 전도여행 때 에베소에서 성령 받은 제자들을 따로 세워 하나님의 말씀으로 양육하던 장소입니다. 사도행전 19장 8-20절의 정신에 따라 첫째 목회자를 돕는 사역과 평신도를 훈련시키는 사역, 둘째 세계선교(TIM)와 문서선교(단행본·잡지) 사역, 셋째 예수문화 및 경배와 찬양 사역, 그리고 가정·상담 사역 등을 감당하고 있습니다. 1980년 12월 22일에 창립된 두란노서원은 주님 오실 때까지 이 사역들을 계속할 것입니다.

# 희년, 다시 시작하는 교회

신약교회를
꿈꾸며 달려온
여의도침례교회
50년 이야기

국명호 외 성도 일동 지음

두란노

차례

들어가는 글  8

## ACTS 50, 희년을 맞이한 여의도침례교회 50년
(1972-2022)

### 1
### 모이다

여의도 광야에 복음의 깃발을 꽂다  14
유치원에서 시작한 교회  17
10인의 초대 침례인  21
일대일 성경 공부가 시작되다  26

### 2
### 성령이 임하다

초대 교회의 본을 받아 성장하다  32
성령의 도우심으로 세워진 첫 성전  38
구국의 기도가 가져온 기적  45
여의도침례교회, 지미 카터 대통령의 방문을 받다  50
날마다 부흥하는 교회  58
열방을 향한 복음의 씨앗을 뿌리다  64

## 3

### 권능을 받은 예수의 증인들

청년이 된 여의도침례교회 74
네 장막 터를 넓히며 83
구역에서 양무리로의 전환 91
주는 교회가 복되다 94
해외 선교를 통해 맺은 열매 98

## 4

### 다시, 개혁의 시대를 열며

사역 2기를 준비하는 여의도침례교회 108
달려갈 길을 마친 주의 종 한기만 목사, 하늘의 부르심을 받다 114
성경적인 변화를 꿈꾸다 121
교회의 화재 사건, 새로운 디딤돌이 되다 126
흔들리면서 피는 은혜 134

## 2부
# W.O.R.D VISION, 가장 성경적인 교회를 향하다

### 5
## Worship: 예배의 부흥

교회, 새롭게 옷 입다 142
예배의 부흥을 꿈꾸는 성전의 재탄생 145
성경적인 예배로의 회복 152
만민이 기도하는 교회 157
말씀의, 말씀에 의한, 말씀을 위한 160
직제 개편을 통한 회중 정치의 실현 167

### 6
## Only Jesus: 오직 예수의 이름으로

전하라, 전하라, 전하라! 174
중앙아시아에 세운 최초의 침례신학교 180
선교의 패러다임을 바꾸다 186
선교, 확장된 연합을 그리다 193

## 7
## Recognize the truth: 진리로 자유하게 되다

여의도침례교회 부흥의 원천이 된 성경 공부  198
제자로 세워져 가는 성도들  202
요람에서 무덤까지! 성경적 통합 교육의 틀을 갖추다  208
성경적인 가정을 세워 가는 교회  211

## 8
## Dedication: 사랑으로 헌신하는 교회

땅끝을 향하는 성도들의 헌신, 아웃리치  218
축복을 흘려보내는 교회  225
교회로 교회를 살리다  230
교회의 지체로 든든히 서 가는 기관 선교  234
교회, 소외된 곳을 향하다  241

나오는 글  250
축사  254
여의도침례교회가 걸어온 길(연혁)  264

| 들어가는 글 |

## 희년, 다시 피어오른 소망의 씨앗

희년은 하나님이 선포하신 자유와 거룩의 상징입니다. 50년마다 땅을 쉬게 하고, 모든 만물을 자유롭게 하며, 모든 것을 회복하도록 하셨습니다. 그래서 이스라엘에게 희년은 자유와 안식인 동시에 하나님의 전적인 은혜와 사랑을 온몸으로 느낄 수 있는 체험의 시간이었습니다.

하나님의 정하신 뜻과 은혜로 세워진 여의도침례교회가 그 희년의 시간을 맞이하고 있습니다. 50년 전 고(故) 한기만 목사님으로 하여금 황량한 여의도 땅에 복음의 밀알을 떨어뜨리게 하신 하나님은 복음의 나무가 자라고 성장해 오늘에 이르게 하셨습니다. 50년의 시간을 따져 보니 날짜로는 1만 8천 일이요, 43만 시간이 훌쩍 지난 긴 세월입니다. 여의도 모래땅에 교회를 시작한 뒤 성도들의 헌신과 기도로 예배당을 짓고 지금의 모습으로 변화하기까지, 숱한 시간과 공간을 초월한 하나님의 은혜가 아니었다면 불가능한 일입니다. 하나님의 은혜는 언제나 그 당시에는 이해하기 어려울 때가 많지만, 지나고 보면 반드시 최선의 결과였음을 알게 됩니다. 그래서 그분 앞에 더욱 무를을 꿇을 수밖에 없습니다.

여의도침례교회가 창립 50주년 희년의 해를 맞아 제일 먼저 생각한 것은, 여의도침례교회를 향한 은혜와 축복을 세상과 나누고자 한 것입니다. 오래전 한 기독 매체의 임원으로부터 여의도침례교회는 베일에 싸인 교회라는 이야기를 들었습니다. 올림픽대로를 지나거나 1호선을 타고 노량진역을 향해 가다 보면 교회 간판이 크게 보임에도 불구하고 외부의 교회에 대한 이해가 부족한 이유가 무엇일까 생각해 보았습니다. 아마도 1대 목사님 때부터 이어 온 사역의 방향 때문이 아닐까 싶습니다. 도리불언 하자성혜(桃李不言 下自成蹊), 곧 복숭아와 오얏은 말을 하지 않아도 나무 밑에 저절로 길이 생긴다는 말처럼, 여의도침례교회가 하나님의 사역을 하되 잘 드러내지 않음으로 하나님의 영광만이 나타나길 바랐던 마음이 베일에 싸인 것처럼 보였을 수도 있겠다고 생각했습니다. 그런 의미에서 이번 50년사가 베일에 싸여 있던(?) 여의도침례교회의 면면을 보여 주는 계기가 되기를 기대해 봅니다.

다양한 매체 중에서도 글을 통한 기록을 선택한 것은, 기록이 주는 힘을 믿기 때문입니다. 성경이 단순한 말씀의 기록을 넘어 말씀이 되어 오신 구세주의 인격을 나타낸 것처럼, '여의도침례교회 50년사'를 통해 교회와 성도에게 인격적으로 찾아오신 하나님을 전하고 기록하기 위함입니다.

또 하나 중요하게 생각한 것은 제삼자의 시선으로 교회의 역사를 기록하려 했다는 것입니다. 사도행전의 기자인 누가가 제삼자의 시선으로 사도행전을 써 내려감으로 사도들의 행적 속에서 매 순간 역사하신 성령님의 은혜를 저술했듯이, 여의도침례교회의 50년사도 객관적인 시각으로 기록해 내려고 애썼습니다. 그렇기에 저를 비롯한 여의도침례교회의 성도 모두가 저자가 되어 교회를 향해 베푸신 하나님의 은혜만을 드러내는 데 최선을 다했습니다. 자랑은 덜어 내고 고난은 아파하며 열매는 나누는, 하나님의 은혜만 도드라질 수 있는 기록이 되길 바랍니다.

첫 번째 희년을 지나고 있는 여의도침례교회는 거룩한 은혜의 해를 선포하고 자유와 안식으로 돌아가게 하신 소망의 메시지와 함께 교회에 주신 사명을 새깁니다. 그 사명이란, 교회는 교회다워지고, 성도는 온전한 그리스도인으로 돌아가는 회복입니다. 이것은 이 땅의 모든 교회의 비전이기도 할 것입니다.

이 땅의 교회가 초대 교회의 선교로 시작된 열매이기에, 주님 다시 오실 때까지 주님께서 당부하신 교회의 사명, 곧 복음으로 돌아가라는 명령을 지키기 위해 여의도침례교회는 다시금 말씀으로 돌아가는 중입니다. 50년 전, 여의도침례교회가 세워지고 성장하게 된 자양분이 성경 공부를 통한 제자 훈련인 만큼 말씀(WORD)으로 돌아가는 회복은 계속 이루어질 것입니다. 이와 더불어 예배의 부흥(Worship)과 잃어버린 영혼을 구원해(Only Jesus) 성도를 그리스도의 제자로 바로 세우며(Recognize the truth) 땅끝까지 복음을 전하는 교회(Dedication)로서의 워드(W.O.R.D) 비전을 실천해 나가는 중입니다. 그리하여 주님 오실 때까지 날마다 구원받는 자들이 더하는 교회가 되기를 기도합니다.

시대가 아무리 변해도 여전히 역사하고 계시는 신실하신 주님의 은혜를 기억하는 것은 새로운 나아감의 마중물이 됩니다. 복된 희년의 해를 맞아 50년사를 기록할 수 있도록 허락하신 하나님께 감사드리며, 이 50년의 교회행전인 《희년, 다시 시작하는 교회》의 출간이 여의도침례교회가 새로운 희년을 향해 출발하는 복음의 새로운 시작이 되기를 기대하며 모든 영광을 하나님께 돌립니다.

2022년 8월
국명호 목사

1부

# ACTS 50, 희년을 맞이한 여의도침례교회 50년

(1972-2022)

# 1
# 모이다

## ■ 여의도 광야에 복음의 깃발을 꽂다

"예수 믿고 구원받으십시오."

커다란 키에 마른 몸을 가진 젊은 목사의 복음을 향한 외침은 간결하고 단호했다. 황량한 광야와도 같은 곳, '너벌섬' 또는 '너의섬'이라 불리던 서울의 모래섬 여의도에 울린 복음의 외침은 50년 전 여의도침례교회의 시작을 알리는 복음의 종소리였다.

하나님의 계획과 인도하심은 사람의 예상과 측정을 초월한다. 다만 그 길에 순종하며 나아가다 보면 어렴풋이 깨달으며 선명히 감사하게 된다.

'왜 여의도였을까?'

교회를 여의도에 시작하게 하신 것 역시 하나님께서 한기만 목사를 통해 강권하신 일이었다. 그저 농촌 활동에 관심 많던 신앙 좋은 청년 한기만을 주의 종으로 택하여 부르셨고, 신학생의 신분으로 오산에서 개척 목회를 시작하게 함으로 일찍감치 목회 현장을 경험하게 하셨다. 이후 서울로 올라와 한 영혼이 천하보다 귀하다는 믿음으로 대학 캠퍼스와 학교를 누비며 복음 전도에 힘쓰고 교회 개척을 위해 기도하던 중 바라보게 하신 땅이 여의도다.

1970년대 이전까지 여의도는 아무도 돌아보지 않는 땅이었다. 한강의 토사가 퇴적된 모래땅, 비행기 활주로로 사용되던 황량한 들판이 여의도였다. 하지만 서울시의 개발 계획에 따라 한강이 서울의 중심으로 부각되면서 여의도가 새롭게 개발지로 부상하고 있었기에 한기만 목사 부부는 그 모래밭에 엎드려 주의 뜻을 구했다.

"주님, 보이는 건 온통 모래뿐인 이 땅에 교회를 세우는 게 맞습니까?"

마음의 소원을 품은 기도가 이어졌고, 마침내 하나님은 말씀과 그에 대한 증거를 보여 주셨다. 어느 날 모래밭에 엎드려 기도 중에 받은 말씀이 이사야서 49장이다.

"네 눈을 들어 사방을 보라 그들이 다 모여 네게로 오느니라 나 여호와가 이르노라 내가 나의 삶으로 맹세하노니 네가 반드시 그 모든 무리를 장식처럼 몸에 차며 그것을 띠기를 신부처럼 할 것이라 이는 네 황폐하고 적막한 곳들과 네 파멸을 당하였던 땅이 이제는 주민이 많아 좁게 될 것이며 너를 삼켰던 자들이 멀리 떠날 것이니라 자식을 잃었을 때에 낳은 자녀가 후일에 네 귀에 말하기를 이곳이 내게 좁으니 넓혀서 내가 거주하게 하라 하리니 그때에 네가 네 마음에 이르기를 누가 나를 위하여 이들을 낳았는고"(사 49:18-21).

이 말씀이 섬광처럼 떠오름과 동시에 산지사방에서 모여드는 무리가 환상 중에 보였다. 그 너른 벌판을 향해 동서남북에서 몰려오는 환상은 이사야 49장의 말씀을 그대로 재현하고 있었다. 과연 하나님의 뜻이 확실히 여의도에 있다는 것을 깨닫게 된 즉시 그는 교회를 시작할 것을 결단했다.

'주님, 가진 것은 아무것도 없으나 말씀에 의지하여 교회를 세우겠습니다.'

누구보다 확실한 복음의 확신과 영혼 구원에 대한 사명이 불타고 있던 가난한 목사는 부르심에 즉각 응하여 교회를 시작했다. 당시 대방동 기도처를 섬기면서 교회를 세울 어떤 환경도, 지원도 갖추고 있지 못했지만, 복음만 제대로 증거한다면 세우는 일도, 부흥도 주께서 하신다는 확신이 있었다. 이는 그의 설교를 통해서도 잘 드러난다.

하나님이 교회를 허락하신 뜻이 있습니다. 에베소서 3장 8절 말씀에 보면, 교회를 하나님이 주신 것은 이방인들에게 복음을 전하기 위해서, 믿지 않는 사람들에게 예수님을 증거하기 위해서, 하나님께서 교회를 세우신 겁니다. 그 교회를 향한 뜻을 알고 전하면 축복의 역사는 일어납니다.[1]

1972년 9월 1일, 하나님은 복음으로 충만한 주의 종으로 하여금 황량한 벌판 위에 복음의 깃발을 꽂게 하심으로 여의도침례교회를 시작하게 하셨다. 11명의 성도와 한기만 목사가 함께한 개척 예배는 감사와 은혜가 충만했다. 모든 것이 감사였다.

---

1  여의도침례교회, 《오직 한 길》(선한청지기, 2015), '복음을 주는 교회'(한기만), 222.

'주님, 비록 빌려 쓰는 곳이지만 비를 피할 수 있는 장소를 주셨고, 주변 사람의 도움을 따라 처소를 빌릴 수 있도록 하셨으며, 개인적인 전도를 통해 여의도까지 올 수 있는 11명의 성도를 채워 주심에 감사합니다. 평생 하나님만 전하는 교회가 되겠습니다.'

### ■ 유치원에서 시작한 교회

여의도에 들어와 거주하게 된 한 사람이 시내에 있는 모교회에 출석하기 위해 버스를 기다리고 있었다. 1970년대 초반, 여의도는 갓 개발된 시점이라 교통 형편이 좋지 않았다. 1970년도에 마포대교가 건설되면서 도심과 연결 고리가 생겼다지만, 워낙 대중교통 운행 시간 간

유치원 교회(1973년)

격이 더딘 데다 주일과 공휴일은 이용객이 적은 까닭에 버스가 언제 올지 알 수 없었다. 예배 시간은 가까워지고 버스는 감감무소식, 가족들과 함께 발을 동동거리며 마음을 졸이고 있을 때 팻말이 눈에 들어왔다.

'여의도교회'

'여기에도 교회가 있었나?'

둑 가에 세워진 팻말을 보고 찾아가 보니 교회가 아닌 유치원이 보였다. 알고 보니 주일에만 유치원을 빌려 예배하는 교회였다. 들어갈까 말까 잠깐 동안 갈등했지만 이미 예배 시간에 맞춰 가는 것은 불가능했기에 그곳에서 예배를 드리기로 했다.

문을 열고 들어갔을 때 눈에 들어온 건 유치원 2층 맨바닥에 방석을 깔고 앉은 20명 남짓한 성도와 서른도 채 되지 않아 보이는 시골 청년 같은 목사였다. 마른 체구에 키가 큰 목사가 전하는 메시지는 간결했다. 자신들에게로 쏟아지는 따가운 시선을 뒤로한 채 얼떨결에 예배를 마치고 일어서는데 아니나 다를까, 목사가 다가왔다. 그는 새로 온 성도에게 구원의 확신이 있는지를 대뜸 물었다.

"형제님, 처음 뵙겠습니다. 교회는 어떻게 나오셨습니까?"

"아… 그게… 저희는 장로교인이고 시내에 다니는 교회가 있는데 차 시간을 맞추지 못해서 팻말만 보고 예배나 드리고 갈까 해서 왔습니다."

"어쨌든 잘 오셨습니다. 신앙을 가지신 분이니 하나 묻겠습니다. 형제님은 구원의 확신이 있습니까?"

"네?"

"매우 죄송한 말씀이지만, 오늘 돌아가신다면 천국에 갈 확신이 있느냐고 묻는 것입니다."

"아… 그게… 글쎄요…."

먹고살기 힘든 시대에 기복적인 신앙에 마음이 기울었던 이들에게는 이 물음이 불편하게 느껴졌을 수도 있었을 것이다. 그런데 그는 달랐다. 정작 마음 깊은 곳에서 확답을 하지 못하고 있는 자신의 모습을 발견하고는 부끄러워졌다. 40년 가까이 그리스도인으로 자칭하며 살았건만 구원의 확신을 갖지 못했다니, 과연 자신이 진정한 그리스도인인가 싶었다. 그것은 그동안 형식적인 신앙생활을 하고 있었다는 깨어짐이었다. 이런 마음을 알아챈 것일까, 처음 만난 그를 향해 젊은 목사는 이렇게 권면했다.

"스스로 구원의 확신이 없다면 자신의 신앙을 돌아봐야 합니다. 그리고 구원의 확신을 가질 수 있도록 말씀으로 훈련받아야 합니다."

본질적인 신앙을 꿰뚫는 메시지가 그와 가족을 여의도침례교회로 인도했고, 말씀을 통해 훈련을 받으며 구원의 확신을 얻고 증거하는 여의도침례교회의 교인이 되었다.

유치원 건물 2층을 수요일과 주일에 빌려 쓰며 시작한 여의도침례교회는 한기만 목사의 철저한 복음주의적 신앙관을 바탕으로 했다. 그는 하나님께서 교회를 세우신 목적은 예배와 교육, 성도 간의 교제와 봉사 및 전도에 있으며, 이 중에서도 교회를 세우신 최대의 목적은 세상 사람들을 구원받게 하기 위함이라는 것을 강조했다.

그가 복음 전도적인 활동에 열심을 내기 시작한 시기는 여의도에 교회를 개척하기 훨씬 이전으로 거슬러 올라간다. 침례신학대학교에 재학 중인 1964년에 오산교회를 개척했을 때부터 전도에 대한 열정이 남달랐던 그는 발길이 닿는 곳마다 다니며 전도지를 나누어 주고 "예수 믿고 천국 가십시오"라고 소리쳤다. 오산 일대를 다니며 일주일에 한 번씩 집집마다 전도지를 돌리는 등 복음을 전하지 않고는 견딜 수 없는 절박한 심정이었음에도 처음 얼마간은 생각만큼 전도가 되지 않아 고민이 되었다고 한다. 이를 위해 기도하던 중 하나님이 주신 지혜가 임했다. 정말로 어려운 사람, 사람들이 제일 예수 믿지 않을 거라고 판단한 사람을 전도해 보자는 마음이 든 것이다. 그 대상자는 대감 귀신을 섬기는 무당이었다.

처음 그 집을 찾았을 땐 그가 전도사인 줄 모른 채 집에 들였는데, 들어가자마자 예수 믿고 구원받으라고 전하니 마당에 소금을 뿌리며 저주를 했다고 한다. 다음 날에도 찾아갔지만 문을 열어 주지 않자, 그는 대문 밑 개구멍에 발 하나를 집어넣은 채 예수 믿으라고 소리쳤다. 또다시 소금 세례가 이어졌지만 그는 굴하지 않고 문을 붙잡고 기도했다.

그러던 어느 날, 그 집에서 굿하는 소리가 들렸다. 교회 성도인 할머니를 만나 사정을 물으니 그 집 아들이 아파서 굿을 한다는 것이었다. 그 집을 바라보며 기도하고 있는데 어느새 굿이 끝났는지 조용해졌다. 궁금한 마음에 집으로 들어가 보니 아프다던 아들의 상태가 더욱 나빠져서 이리 구르고 저리 구르며 아파하고 있었다. 이에 뛰어 들어가 아이를 업은 채 택시를 잡아타고 수원병원으로 향했다. 마침 아는 성도가 외과의였기에 그 병원으로 가서 아이를 보여 주니 맹장염이었다.

"당장 수술해야 합니다. 그런데 전도사님, 이 아이는 누구입니까?"

"무당집 아들입니다."

이 말을 듣자마자 그는 무료로 수술해 주겠다는 말과 함께 자칫 큰일 날 뻔한 맹장염 수술을 무사히 마쳤다. 그리고 수술하는 내내 곁에서 기도하는 모습을 지켜본 무당 어머니는 그 자리에서 변화되었다. 그녀가 예수를 믿기로 작정한 뒤 처음으로 꺼낸 말은 예배였다.

"전도사 양반, 우리 집에 와서 예배 드려 줘요. 그리고 우리 집에 있는 저 대감 독 좀 처리해 주시오."

가장 전도하기 힘든 집이 예수 믿고 구원받게 되자 이는 좋은 표적이 되어 부흥으로 이어졌다. 이 일을 계기로 한기만 목사는 복음 전도적 활동에 더욱 열정을 더했고, 그의 이러한 열심은 서울로 올라와서도 이어졌다. 그는 대학 캠퍼스와 고등학교 등을 누비며 전도지와 함께 복음을 전했다. 여의도침례교회를 개척했을 당시에 출석한 11명의 성도 역시 그동안 개인적으로 복음을 전해서 예수 믿기로 결심한 학생들이 대부분이었던 것을 보면, 그의 복음주의적 신앙관이 얼마나 철저했는지를 알 수 있다.

이렇듯 유치원에서 시작한 여의도침례교회는 철저히 복음을 증거하는 교회, 신앙생활은 하지만 구원의 확신을 갖지 못한 이들이 확신 있는 그리스도인으로 변화되어 이방인에게 그리스도의 풍성함을 전하는 교회로서의 정체성을 세워 갔다.

## ■ 10인의 초대 침례인

"믿고 침례를 받는 사람은 구원을 얻을 것이요 믿지 않는 사람은 정죄를 받으리라"(막 16:16).

신약성경에 나오는 최초의 침례는 침례 요한의 침례다. 구원을 확신하고 하나님의 자녀 됨을 확인하는 의식으로, 침례 요한은 요단 강에서 자기 죄를 자복하고 나아오는 이들에게 침례를 베풀었다. 예수님 역시 요단 강에서 요한에게 침례를 받으셨다. 그리고 물에서 올라오실 때 하늘이 갈라지고 성령이 비둘기같이 내려왔으며, 하늘의 음성이 들렸다. 그것은 예수님을 향한 하나님의 확신이요, 침례를 통해 하나님의 자녀 된 그리스도인을 향한 하나님의 약속이기도 하다.

1970년대의 광나루는 넓게 펼쳐진 백사장과 건너편에 자리한 아차산에 병풍처럼 둘러싸여 있는, 서울 시민들의 휴식처였다. 강수욕장이라 불리며 여름이면 많은 인파가 모여 수영을 즐기기도 했는데, 그때만 해도 워낙 맑은 물이 흘렀기 때문이다. 그곳에 십여 명의 사람이 흰 옷을 입고 모였다. 호기심 어린 시선이 쏟아졌지만 아랑곳하지 않았다. 흰 가운을 입은 한기만 목사가 허리쯤 잠길 깊이의 물속으로 들어간 뒤 침례식을 선포했다.

"이 시간에는 주님께서 명하신 침례식을 거행하고자 합니다. 주님이 나의 구주임을 고백하는 침례식에 거룩한 마음으로 임해 주시길 바랍니다."

여의도침례교회에서 거행하는 첫 번째 침례식이 시작되었다. 한 성도가 물속으로 들어왔다. 둘 다 물속에 잠긴 채로 문답이 이어졌다.

"형제님, 하나님 앞에서 묻습니다. 예수님께서 우리 형제님을 위해 십자가 위에서 죽으시고 부활하신 것을 믿으십니까?"

"네, 믿습니다."

"당신은 예수를 구주로 믿습니까?"

"네."

"성부와 성자와 성령의 이름으로 형제에게 침례를 베푸노라."

물에 잠겼다가 나온 그가 울음을 터뜨렸다. 온몸에서 물이 뚝뚝 떨어지는 것은 신경 쓰이지도 않았다. 진정한 하나님의 자녀가 되었다는 사실이 너무 기쁘기도 했지만, 죄인인 자신을 값없이 사랑하고 자녀로 삼아 주신 은혜가 가슴을 쳤기 때문이다. 얼마나 눈물을 흘렸는지, 모래사장을 걸어 나올 수 없을 정도로 흐느낌이 이어졌다.

"주님, 감사합니다. 정말 감사합니다. 저 같은 죄 많은 죄인을 자녀로 삼아 주시니 이 은혜를 어찌 갚을 수 있겠습니까."

마흔이 넘은 남성이 모래밭에 엎드려 은혜에 감격해 우는 모습은 보

한강 광나루에서 한 최초의 침례식(1973년)

는 이들의 마음을 움직였다. 비슷한 장면은 계속되었다. 그 남성에 이어 침례를 받은 9명 모두 물속에 들어갔다 나오며 기쁨과 함께 눈물을 터뜨렸다. 그러자 처음에는 구경거리라도 난 것처럼 지켜보던 사람들의 표정도 달라졌다. 단순히 물속에 잠겼다 나오는 의식일 뿐인데, 나온 사람들이 어찌 저렇게 변화되는지, 저 의식이 무엇이기에 저렇게 자복하게 되는지를 궁금해했다.

광나루에서 진행된 여의도침례교회 최초의 침례식은 여러 면에서 의미가 있었다. 그때까지만 해도 한국 내 침례교단은 좋지 못한 시선을 받고 있었다. 장로교단이 한국 교계의 주류를 이루었기에 교세가 약한 것도 있었지만, 장로교단에서 행하는 물을 뿌리는 세례 의식과 달리 침례교단에서 행하는 침수, 즉 물에 들어갔다가 나오는 침례 의식에 대해 불편하게 보는 시선을 넘어 이단시하는 이들도 있었다. 하지만 침례교단에서 침수 침례를 주장하는 것은 오직 성경에 근거했을 때 뿌리는 세례보다 침수 침례가 맞다고 해석하기 때문이다. 물론 문자 그대로 물속에 들어가는 침례만 고집하는 것은 아니지만, 그래도 본질은 그게 맞다고 여기기에 침례를 베푸는 것이다. 그렇기에 만인이 보는 앞에서 침례 의식의 경건함과 은혜를 보여 주었고, 사람들 앞에서 그리스도인임을 당당하게 선포하는 것이기도 했다.

50여 년 전 행한 최초의 침례식을 통해 침례 1호가 된 성도는 그날의 감격을 다음과 같이 생생하게 기억한다.

목사님과 함께 워커힐 호텔 아래 다리 밑으로 가서 흐르는 한강 물에서 침례를 받았습니다. 그때 성령님의 감동으로 흐르는 눈물을 주체할 수 없었어요. 침례를 받은 뒤에도 한강 모래 위를 제대로 걸어 나올 수 없을 정도로 강력한 성령의 은혜가 임했습니다.[2]

광나루에서 거행한 첫 번째 침례식을 통해 침례교인이 된 성도는 모두 10명이었다. 교회를 개척하면서 출석한 이들과 전도를 통해 성도가 된 이들이었다. 이 중에는 이미 다른 곳에서 세례를 받은 이들도 있었지만, 중요한 것은 그리스도인으로서 거듭난 증표로서 침례를 강조했기에 경험에는 큰 의미를 두지 않았다. 빈민촌 목회로 헌신한 김진홍 목사 역시 한기만 목사와 신앙에 대한 교제를 나누던 중 구원 신앙을 재확인하고자 재침례를 받은 적이 있다고 고백할 정도다.

여의도침례교회는 구원을 확신하고 하나님의 자녀 됨을 확인하는 의식으로 세례보다는 침례에 의미를 두는 침례교단의 정신을 강조했다. 사도행전 8장의 말씀을 바탕으로 설교를 전하며 믿는 사람의 침례를 전했다.

하나님의 말씀을 듣고 자신이 죄인임을 깨달아 주님을 영접한 믿는 사람에게 침례를 주었습니다. 침례는 결코 구원의 조건이 아니며, 신앙 성장을 위해 받는 것입니다. 즉 하나님의 명령에 대한 첫 순종으로, 주님을 본받기 위해서, 신앙의 고백으로 침례를 받는 것입니다.[3]

---

2  《오직 한 길》, '여의도침례교회 침례 제1호'(윤승국), 29.
3  《오직 한 길》, '한기만 목사의 전도와 설교 사역'(이명희), 196-197.

또한 물을 뿌리는 세례가 아닌 완전히 물에 잠기는 침례가 더욱 성경적이었기에 처음부터 물에 잠기는 침례를 베풀었다. 마땅한 장소가 없어 광나루, 한강 등의 침례지를 전전했지만 장소는 중요하지 않았다. 오히려 주어진 환경이 열악할수록 침례식은 더욱 성스러웠고, 성도들의 진심 어린 고백이 이어졌다. 이를 통해 입으로만 고백하는 신앙을 넘어 물속에 잠김으로 죄인 된 모습에서 새롭게 거듭나는 고백으로, 성도 한 사람이 진정한 교회로 세워져 갔다.

## ■ 일대일 성경 공부가 시작되다

여의도 허허벌판에 처음으로 세워진 아파트, 시범아파트라 불리던 아파트 가가호호에는 여지없이 복음지가 붙었다. 여의도교회(여의도침례교회의 초창기 이름은 여의도교회였다)에서 발간한 복음지였다. 복음지는 집집마다 붙어 있을 뿐만 아니라 직접 손으로도 전해졌다. 골목을 누비며 전도하는 사람은 한기만 목사였다. 네비게이토선교회, YFC(십대선교회) 등 복음주의 선교 단체를 경험한 배경이 그의 신앙적 배경에 크게 영향을 미치고 있었으므로, 예수라는 복음 외에는 전할 것이 없었다.

"예수 믿고 구원받으십시오."

사람들의 반응은 엇갈렸다. 여의도가 막 개발되면서 대부분이 타 지역에서 유입되었기에, 그중에 이미 신앙이 있는 이들은 교회에 대해 호의적이었고, 예수의 이름조차 못 들어 본 이들은 냉담했다. 들을 귀 있는 자들은 들을 것이기에 사람들의 반응에 일희일비하지 않고 전했다. 거절의 눈빛을 보내도 낙담하지 않았다.

그래서였을까. 유치원을 빌려 주일 예배를 드리는 와중에도 예배에 참석하는 이들의 수가 조금씩 늘기 시작했다. 침례식도 진행하며 침례교인도 세웠다. 성도가 늘어날수록 여의도침례교회는 교회로서 해야 할 역할에 집중했다. 그것은 성도 한 사람, 한 사람을 말씀으로 양육해서 제자로 삼는 것이었다. 한기만 목사는 날마다 복음을 전했고, 성도가 된 이들과는 무조건 성경 공부를 진행했다. 1960-70년대에 한국 기독교가 성장하는 과정에서 기복적인 신앙이 부각되다 보니 복 받는 신앙에 익숙하고 그것을 원했던 이들에게는 성경을 공부한다는 것이 생경하기도 했다. 말씀을 공부한다는 것이 왠지 복 받는 것과는 동떨어진 것으로 생각되기도 했다. 그러나 이는 바울이 디모데에게 권고한 말씀을 통해서도 드러나듯 교회가 해야 할 의무였다.

> "내 아들아 그러므로 너는 그리스도 예수 안에 있는 은혜 가운데서 강하고 또 네가 많은 증인 앞에서 내게 들은 바를 충성된 사람들에게 부탁하라 그들이 또 다른 사람들을 가르칠 수 있으리라"(딤후 2:1-2).

말씀 공부는 새신자, 기존 성도를 가리지 않았다. 교회에 들어선 순간 모두가 동일한 교육을 받도록 했다. 이는 그들의 신앙의 연수를 낮게 평가하는 것이 아니라, 말씀의 기본으로 돌아가자는 취지였기에 그에 따른 에피소드도 많다.

주일 예배에 두어 번 참석한 성도가 있었다. 상황이 여의치 않아 모

성경 공부(1987년)

교회로 걸음하지 못하고 가까운 여의도교회로 발걸음을 한 것인데, 그런 그를 지나칠 한기만 목사가 아니었다. 다음 날 그의 아파트에 초인종이 울려 나가 보니 젊고 패기만만한 한기만 목사가 성경책을 옆에 끼고 서 있었다.

"아니 목사님이 저희 집은 어떻게 알고 오셨습니까?"

"참 미안한 말이지만, 주일 예배 마치고 형제님 가시는 뒤를 밟아 집을 알아냈습니다. 형제님, 형제님은 구원의 확신이 있습니까?"

"아니 이거 참…."

"우리 함께 성경을 공부하며 구원의 재확신을 얻읍시다."

한 목사가 권유한 것은 교회로 출석하라는 것이 아닌 성경을 공부하자는 것이었다. 갑작스러운 방문에 당황스럽기도 했지만, 그렇게 시작한 일대일 성경 공부가 그들 가족이 구원의 재확신을 얻게 된 중요한 통로가 되었다고 고백한다.

또 어떤 성도는 교회에 나오자마자 한기만 목사에게 이끌려 성경 공부를 하게 되어, 사정상 지방에서 일을 할 때도 매주 금요일이면 어김없이 서울로 올라와 성경 공부에 임했다고 한다. 처음에는 자신이 무엇이기에 이토록 열심인가 싶어 미안한 마음에 참석했지만, 시간이 지나면서는 자신도 모르는 사이에 말씀이 달게 느껴지고 예수님의 은혜에 가슴이 떨려 예수를 전하지 않고는 견딜 수 없는 사람이 되었다고 한다.

특히 남성들을 대상으로 성경 공부를 진행했던 일은 여전히 회자되고 있다. 남성 성도의 경우에는 여성에 비해 시간이 부족한 탓에 성경 공부에 어려움이 많았다. 이에 한 목사는 강남에 거주하고 있던 한 남성 성도의 집을 장소로 삼고 그곳에 성도들을 모아 7년간 새벽 성경 공부를 진행하기도 했다.

> 한 사람이라도 더 전도하고 교인되게 하기 위해서 강남의 저희 집까지 오셔서 남자 성도들을 모아놓고 성경공부를 시키셨습니다. 말이 7년이지, 그 새벽에 강남까지 오시는 게 결코 쉽지 않을 텐데 눈이 오나 비가 오나 성도들을 말씀으로 양육하겠다는 일념으로 발걸음을 하셨습니다. 그 헌신과 열정을 어찌 잊을 수가 있겠습니까.[4]

---

4 《오직 한 길》, '발인예배 조사'(이태섭), 14-15.

새로 전도되어 교회에 나온 이들에게도 여지없이 말씀에 대한 공부와 훈련이 이어졌다. 물론 성도의 신앙의 정도와 경륜에 따라 그들의 눈높이에 맞는 양육이 이어졌다. 철저히 성경을 중심으로 말씀을 보도록 도왔기에 양육 받은 성도들은 성경과 친해질 수밖에 없었다.

"우리는 예수 그리스도의 제자입니다. 제자는 무엇보다 예수 안에 있는 은혜 속에서 강한 삶을 살아야 합니다. 그러려면 은혜를 잘 알아야 하고, 그 은혜를 알려면 먼저 하나님 말씀을 잘 알아야 해요. 진리의 말씀을 분별하고 경험함으로 진정한 그리스도인이 되게 하려는 게 성경 공부의 목적입니다."

때로 말씀 공부에 거부감을 느끼는 성도들에게는 이렇게 권유하며 모두가 그리스도의 제자로 바로 설 수 있기를 기도했다.

성경 공부는 설교를 통해서도 맥락을 이어 갔다. 그는 오직 복음을 강조한 설교 말씀을 통해 성도들로 하여금 하나님에게만 집중할 수 있도록 했다. 그 흔한 이야기는 최대한 절제하고 성경 말씀 위주로만 복음을 전했다. 특히 하나님의 자녀가 되었기에 받은 가장 큰 은혜는 하나님과 동행하며 하나님을 알고 사랑하는 것이라는 메시지를 통해, 성경을 가까이하는 신앙생활을 하도록 강조했다.

여의도침례교회의 일대일 성경 공부는 교회의 50년 역사와 함께한다. 교회가 시작되는 시점부터 성도 한 사람의 귀함을 알고 제자로 세우기 위한 최고의 방법임을 알았기에, 성도들과 함께 말씀을 호흡하며 오로지 복음과 구원의 확신만을 위해 나아갔다.

교계에서는 이러한 제자 훈련이 한국 교계에서 처음 시도된 일이라 평가하고 있으며, 개인적인 경험이나 이적에 치중했던 신앙과는 달리 말씀의 훈련을 통한 회심의 신앙으로 발전시킴으로 성숙한 그리스도인으로 안내했다는 평가를 내리고 있다.

## 2

# 성령이 임하다

■ **초대 교회의 본을 받아 성장하다**

"여러분, 신앙은 그 자리에 머물러 있으면 안 됩니다. 계속 성장해야 합니다. 이번에 부부 수양회를 개최합니다. 모든 성도는 빠짐없이 참석하여 신앙을 한 단계 더욱 성장시킵시다."

 장년 성도들을 위한 부부 수양회가 선포되었다. 교회 창립 수개월 만에 여전도회가 만들어지고, 초대 집사 10명이 임명되고, 뒤이어 남자 형제 전도회가 창립되는 등 교회의 체계가 활동적으로 갖춰지고 있는 시점이었다. 그렇게 수양회 당일이 되었고, 기대 반, 호기심 반으로 부천의 한 회관에 모인 중년 성도 부부에게 전해진 메시지는 십자가의 은혜였다.

 "우리는 모두 죄 아래에 있습니다. 로마서 3장 말씀을 보면, '우리는 나으냐 결코 아니라 유대인이나 헬라인이나 다 죄 아래에 있다고 우리가 이미 선언하였느니라'라고 말하고 있습니다. 의인은 없나니 하나도 없습니다. 이런 죄인을 예수님께서 속량해 주신 겁니다. 모든 사람이 죄를 범하여 하나님의 영광에 이르지 못했는데, 그 하나님께서 그의 아들 예수를 이 땅에 보내어 십자가에 죽게 하심으로 죗값을 치르게 하신 겁니다. 이것이 바로 속량의 은혜입니다. 여러분, 속량이 뭔지 아십니까? 속량은 노예의 몸값을 지불하고 죄인을 풀어 주는 은혜를 말해요. 우리는 모두 예수님의 속량의 은혜를 받아 자유함을 받게 된 것입니다. 이 은혜가 얼마나 큽니까?"

복음의 꽃이라 불리는 로마서 말씀으로 전한 설교는 수양회에 참석한 이들의 심정을 찔렀다. 스스로를 의롭다고 생각했던 이들은 교만의 모습을 떠올렸다. 고개를 갸웃하며 예수의 부활과 재림에 의심을 가졌던 이들은 십자가가 확실히 믿어졌다. 그간 교회만 왔다 갔다 하며 종교인에 머물렀던 이들은 예수님의 생명 다한 사랑이 체감되었다.

집사 수련회(1974년)

수양회 기간 동안 성도들은 각자 자신의 죄를 떠올렸고, 그 죗값을 죄 없으신 예수님께서 대신 치러 하나님의 자녀로 삼아 주셨다는 은혜에 모두가 엎드러졌다. 피 흘리기까지 사랑하신 사랑의 십자가를 묵상할 때 회개와 회심이 임했다.

성도의 회심은 교회를 바꾸어 놓았다. 회심을 통해 자신이 진정한 죄인임을 깨달았고, 그 죄인을 구원하신 예수 그리스도의 십자가를 바라볼 수 있게 되었으며, 구원의 재확신을 경험한 성도들이 복음을 전하며 건강한 교회를 세워 갔다. 이는 한기만 목사가 교회 창립 초기부터 확실히 세워 둔 교회 사역의 목표와도 일치한다. 사도행전 2장 42-47절 말씀에 근거하여 초대 교회가 이룬 부흥과 성장에 초점을 맞춘 사역의 방향이기도 했다.

첫째, 성경 공부에 힘쓴다.
둘째, 성도 간의 교제에 힘쓴다.
셋째, 예배에 힘쓴다.
넷째, 기도에 힘쓴다.
다섯째, 전도에 힘쓴다.

이러한 방향의 확고함이 있었기에 여의도침례교회의 초기 성장은 초대 교회의 부흥과 닮아 있다. 초대 교회 성도들이 사도들로부터 말씀의 가르침을 받아 성령 안에서 회심하며 하나님을 닮은 사람으로서 선한 일에 온전하게 되었던 것처럼, 여의도침례교회 성도들 역시 말씀 훈련을 통해 회심한 후 전하지 않고는 견딜 수 없는 열심을 보여 주었다. 이는 이웃과 친지들을 복음 앞으로 인도하고 교회로 데려오는 재생산의 연결 고리가 되었다.

한 가지 특별한 것은, 한기만 목사는 성도들로 하여금 다양한 말씀을 접하게 했다는 점이다. 여의도침례교회의 초창기 프로그램을 보면 어려운 상황임에도 다양한 부흥회와 사경회, 수양회 등을 개최함으로 성도들에게 다양한 말씀의 꼴을 먹게 했다. 선교사를 비롯하여 한경직, 박조준, 김장환 등 내로라하는 교계의 목사들을 초청해서 말씀을 전하며 성도들의 신앙생활에 도전을 주었는데, 이러한 적극적인 말씀 훈련을 통해 성도들의 영성이 성장하기 시작했다.

이 같은 말씀 공부와 예배, 전도에 수반되어야 할 것은 바로 기도였다. "오로지 기도하기를 힘쓰니라"(행 2:42). 초대 교회가 함께 모여 기도했을 때 성령이 임했던 것처럼, 여의도침례교회에서도 성도들이 기도에 힘쓰도록 훈련했다.

성도들은 늘 한기만 목사의 기도하는 뒷모습을 보았다. 그는 성전이 지어지기 전에는 새벽에 성경 공부를 인도하며 기도의 본을 보였고, 성전이 지어진 후에는 성전에 제일 먼저 나와 교회를 위해 기도하기를 힘썼다. 기도 외에는 어떠한 능력도 나갈 수 없다는 것을 체험하기 원했던 그였기에, 성도들을 양육할 때도 기도에 더욱 힘쓸 것을 당부했다.

너희가 내게 부르짖으며 내게 와서 기도하면 내가 너희들의 기도를 들을 것이요, 너희가 온 마음으로 나를 구하면 나를 찾을 것이요, 나를 만나리라 하셨습니다. 기도는 우리가 반드시 해야 할 것이고 특권이기도 합니다. 어떠한 순간에도 기도해야 합니다. 기도하면 하나님이 지혜를 주시고 막을 건 막으십시다. 하나님의 뜻이 이루어지는 것이 기도이기에 기도를 통해 나를 내려놓고 하나님의 뜻을 구합시다.[5]

성도들의 기도는 강한 힘을 발휘했다. 아무것도 없이 시작한 교회에 성전이 세워지는 등, 부흥하는 모든 과정에 기도의 능력이 더해져 기적을 이루어 갔다.

여의도침례교회에는 또한 성도와 성도 그리고 목회자와 성도 간의 아름다운 교제가 있었다. 여의도 지역의 특성상 중산층이 많이 유입되기도 했지만, 교회로서 해야 할 마땅한 사명인 성도의 교제, 사랑의 나눔을 실천하려 애썼다. "믿는 사람이 다 함께 있어 모든 물건을 서로 통용하고 또 재산과 소유를 팔아 각 사람의 필요를 따라 나눠 주며 날마다 마음을 같이하여 성전에 모이기를 힘쓰고 집에서 떡을 떼며 기쁨과 순전한 마음으로 음식을 먹고 하나님을 찬미하며"(행 2:44-47) 나아간 초대 교회의 모습을 본받으며 나아갔다.

유치원 증축에 따라 예배 장소를 옮겨 달라는 통보와 함께 성전 건축을 실행하는 과정에서도 성도 모두가 내 것, 네 것 없이 헌신했다. 그 와중에도 불쌍하고 어려운 이웃은 도와야 한다는 마음으로 하나 되게 하셨다. 특히 교회에 어떤 행사가 있거나 특별한 손님을 접대해야 할 경우에는 여자 집사들이 저마다 음식을 하나씩 만들어 와 봉사하는 것이 관례가 될 정도였다. 이뿐 아니라, 여전도회 회원들은 집에서 담근 김장의 십일조를 헌물해서 교회 마당에 묻어 놓고 교회 행사

---

5  《오직 한 길》, '나라의 평안을 위하여'(한기만), 230.

때 사용했으며, 성전의 꽃 장식은 교회에 난방 시설이 없는 관계로 집에 보관해 두었다가 당일 교회에 가져와 봉헌하는 등 그들의 나눔과 헌신은 눈물겹다.

목회자와 성도 간의 사랑의 교제도 특별했다. 평소 살갑거나 말수가 많은 편이 아니었던 한기만 목사는 성도의 가정에 기습 방문을 하곤 했다. 성도의 회사에 중요한 일이 있을 때면 그 시일을 놓치지 않고 기억했다가 방문해서 기도해 주기도 하고, 대외적으로 좋지 못한 일을 겪은 이에게는 밤늦게라도 찾아가 위로의 기도를 해 주기도 했다. 주일마다 보이던 성도가 보이지 않으면 다음 날 어김없이 전화나 방문을 통해 안부를 물었으며, 여의도 인근이 아닌 타 지역에서 교회를 다니게 된 성도에게는 함께 차편을 걱정하며 예배 후 집으로 갈 수 있는 차편을 알아봐 주기도 했다. 무엇보다 한 목사는 교회의 중요한 일을 맡길 성도가 있으면 직접 찾아가 기도하며 의논하곤 했는데, 성도 입장에서는 목회자의 방문이 당황스럽지만 감동이었기에, 교회가 부흥하고 성장하는 과정에서 목회자와 성도 간의 관계의 견고함은 더해졌다.

여의도침례교회는 이렇듯 초대 교회가 걸어간 길을 걸으려 애쓰며 성장의 발판을 마련했다. 안으로는 영적인 성장을 꾀하는 동시에 밖으로는 사랑하고 교제함으로 오로지 복음만을 전하며 나아갔다. 이는 기독교한국침례회총회의 교회진흥원장을 지낸 노창우 목사가 한국침례교회의 개척과 교회 성장 모델을 소개하면서 여의도침례교회의 성장 요인으로 꼽은 내용에서도 살펴볼 수 있다.

여의도침례교회의 성장 요인으로 몇 가지를 생각해 본다면, 적절한 후원 프로그램과 성경공부의 강조, 지속적인 전도활동, 지역적 특성, 한기만 목사의 비전, 교회의 복음적 교리를 들 수 있다.[6]

## ■ 성령의 도우심으로 세워진 첫 성전

"목사님, 주일 예배를 나누어서 드리면 어떻겠습니까?"
"장소가 너무 비좁지요?"
"네, 주일마다 새로운 성도들이 찾아오는데 한꺼번에 예배를 드리다 보니 많이 비좁네요."

한기만 목사의 고민이 깊어졌다. 교회가 건물에 있는 것은 아니지만, 성도가 늘어남에 따라 유치원을 빌려 쓰면서 곳곳에서 한계가 왔다. 창립 1년이 지난 시점에 성도가 30명을 넘었고, 2년이 지났을 땐 또다시 배가의 부흥을 이루고 있었기에 새로운 성전을 건축하는 소망을 품지 않을 수 없었다.

기도는 깊고 간절해졌다. 새벽마다 하나님께 부르짖으며 성전을 위해 기도하던 한기만 목사는 또 한 번 말씀을 통해 확답을 받았다. 어느 날 새벽, 교회 건축을 두고 하나님의 뜻을 구하던 중에 불현듯 떠오른 말씀은 누가복음 1장 30-31절이었다.

---

6  《오직 한 길》, '한기만 목사의 전도와 설교 사역'(이명희), 193.

"천사가 이르되 마리아여 무서워하지 말라 네가 하나님께 은혜를 입었 느니라 보라 네가 잉태하여 아들을 낳으리니 그 이름을 예수라 하라."

본래 이 말씀은 예수의 탄생을 예언하고 있지만, 웬일인지 이 말씀이 성전 건축을 향한 하나님의 약속으로 다가왔다. 이미 하나님의 은혜를 입은 교회로 바로 세워져 가고 있다는 믿음, 그 믿음 위에 성전을 건축하라는 응답으로 받아들였다.

교회 창립 2주년을 넘긴 어느 주일, 한기만 목사는 자신이 받은 약속의 말씀을 전하며 성도들에게 선포했다.

"성도 여러분, 우리 교회는 하나님의 은혜를 입은 교회입니다. 그러니 믿음을 가지고 새 성전 건축에 대한 소망을 품읍시다. 우리가 할 수 있는 최선으로 심되 이루시는 분은 하나님이시니 결과는 하나님께 맡깁시다. 언젠가 반드시 새 성전을 마련해 주실 거라 믿습니다."

그날 한기만 목사는 땅 한 평을 한 구좌로 정하고 성도들에게 자발적인 건축 헌금을 작정할 수 있도록 했다. 당시 여의도 땅의 평당 가격은 7만 원, 개발 붐과 함께 가격이 오르고 있는 실정이었다. 대기업 신입 사원의 3개월 치 급여와 맞먹는 평당 7만 원짜리 한 구좌를 심는 일은 녹록지 않았지만, 하나님이 주신 성전 건축에 대한 뜨거운 소망이 성도들에게 전해졌다.

"목사님, 저희 가족은 우선 부부 숫자만큼 두 구좌만 작정하겠습니다."

"집사님, 고마워요. 하나님이 집사님의 헌신을 기뻐하실 것입니다."

"아닙니다. 하나님이 주신 마음은 우리 식구 수대로 다섯 구좌를 작정하는 것이었는데, 다음 주에 나머지 세 구좌도 심겠습니다."

다들 쉽지 않은 형편이지만 과부의 두 렙돈을 기쁘게 받으신 예수님을 깊이 묵상한 이들은 최선의 것으로 아직 구체화되지도 않은 성전 건축을 위해 물질을 심었다. 가난했던 한기만 목사 역시 최선의 것을 내놓으며 본을 보였다. 아내인 정경화 사모의 재산 1호이기도 한 피아노를 건축 헌금으로 작정하는 등 성전을 짓는 일에 대한 성도들의 예비된 마음들이 모이고 있었다.

그로부터 얼마 뒤, 유치원 측 관계자가 교회를 찾았다. 집주인이 세입자를 찾은 이유는 하나, 방을 빼라는 통보였다.

"유치원 확장을 해야 합니다. 그러니 빌려 쓰고 계신 2층 공간을 빼주셔야겠습니다."

"저희가 아직은 여력이 안 됩니다. 어떻게 안 되겠습니까?"

"저희 사정이 그렇게 됐습니다. 여의도에 계속 사람들이 들어오면서 유치원도 날로 증원이 되고 있어 2층 공간도 넓혀서 사용해야 합니다. 정 사정이 어려우면 건물 옥상에 3층을 증축해서 사용하는 방법을 생각해 보십시오."

갑작스러운 통보에 난감했다. 아무리 건축 헌금을 작정하는 중이라고는 하나 부지를 마련한 것도 아니고, 부지를 마련할 정도의 헌금이 모인 것도 아니었기 때문이다. 그러나 그때 한기만 목사는 단호한 결정을 내렸다. 이미 건축 헌금을 작정할 때부터 조직해 놓은 건축위원회 위원들과 성도들에게 성전을 건축하자는 제안을 한 것이다.

"하나님께서 성전 건축의 소망을 품게 하신 것은 바로 이때를 위함이 아닐까 생각합니다. 성도 여러분, 주님은 환경을 통해, 상황을 통해서도 응답을 하십니다. 이 기회에 새로운 성전을 지읍시다."

강력한 선포에 따른 성도들의 반응은 반으로 나뉘었다. 교회의 재정 상태가 아직 성전을 지을 정도는 아니었기에 유치원에서 제시한 대로 옥상에 3층을 증축해서 교회로 사용하자는 의견과 무리가 되더라도 기회가 왔을 때 새롭게 짓자는 의견이었다. 양쪽 의견 모두 교회를 지극히 사랑한 성도들의 진심이라는 것을 알기에 하나님의 강력한 뜻이 필요한 순간이었다.

그러던 어느 날, 한 성도가 한기만 목사에게 뜻밖의 정보를 건넸다. 서울시청이 보유한 땅 한 필지(150평)를 불하 입찰한다는 정보였다. 소식을 접한 한 목사는 조용히 건축위원장을 불렀다.

"위원장님, 서류를 준비하십시오. 입찰에 응해 봅시다."

그길로 입찰에 필요한 서류가 준비되었고, 두 사람은 입찰하는 장소로 뛰어갔다. 많은 이들이 입찰을 받기 위해 모인 가운데 기다림의 시간이 계속되었다. 그들이 가진 무기는 오직 기도밖에 없었기에 한 목사는 인적 드문 화장실로 들어가 홀로 간절히 기도했다.

"주님, 지금 저희는 하나님의 성전 건축에 필요한 부지를 입찰받기 위해 이곳에 와 있습니다. 저희는 아무것도 가진 게 없습니다. 주님, 아시지요. 그저 하나님의 성전을 짓고 예배로 영광 돌리며 복음을 전하겠다는 믿음만 있습니다. 하나님의 뜻이 여기에 있다면 반드시 길을 열어 주시리라 믿습니다."

화장실에서 얼마나 간절하게 기도했는지, 화장실에 들어온 한 사람이 기도에 관심을 보이며 물었다.

"여기서 뭐 하시는 겁니까?"

"그게… 기도 중입니다."

"아니 화장실에서 무슨 기도를 그렇게 열심히 하십니까?"

"실은 제가 목사입니다. 현재 유치원을 빌려 교회로 사용하고 있는데 사정상 나가게 됐습니다. 성전을 지어야 할 상황인데 그러려면 대지가 필요합니다. 그것 때문에 기도하고 있는 중입니다."

"그러시군요. 저 좀 따라오시겠습니까?"

"네?"

영문도 모르고 따라간 곳은 입찰을 관여하는 관련 부서였다. 그의 안내대로 서류를 접수하고 기다리고 있는데, 얼마 뒤 결과를 보고 깜짝 놀랐다. 수많은 입찰 경쟁자를 뚫고 교회로 낙찰이 된 것이다. 나중에 알고 보니 화장실에서 만나 도움을 준 사람은 입찰 부서의 담당

신축 공사 예배(1975년)

과장이었다. 그 역시 그리스도인이었고, 기도하는 목사를 보고 도움을 준 것이다. 하나님의 계획은 이처럼 드라마틱하다.

이 소식은 즉각 성도들에게 알려졌고, 그제야 성전 건축이 하나님의 정하신 뜻이었음을 모든 성도가 깨닫게 되었다. 하나님께서 당신의 선한 뜻을 만남을 통해 이루어 가셨음을 모두가 체험한 것이다.

교회 부지의 확보와 함께 성전 건축은 빠르게 진행되었다. 문제는 재정이었다. 건축 공사비를 따져 보니 평당 약 15만원, 전체(지하 1층부터 지상 2층까지 각 90평, 3층 50평, 총 320평) 공사비만 해도 약 5천만 원의 예산이 필요한 상황이었다. 당시 여의도 시범아파트 48평 시세가 1천만 원이던 시절이었다.

고민이 깊어졌다. 바닥을 보인 교회 재정을 두고 그저 하나님만 바라보고 있는데, 어느 날 성도 중 한 사람이 부지를 확보했다는 이야기를 듣고는 건축 헌금으로 500만 원을 내놓았다. 그 금액이라면 지하 1층 골조 공사비용만 겨우 채울 정도였지만 숨통이 트이는 순간이었다.

"위원장님, 일단 주어진 재정으로 지하층에 골조만 시공한 뒤 콘크리트 바닥에서 예배를 드립시다. 그다음, 재정이 허락되는 대로 공사해서 성전을 지읍시다. 빚내서 성전을 짓는 것은 결코 은혜로운 일이 아닙니다. 그건 제가 경험해 봐서 압니다. 절대 안 됩니다."

"목사님, 그건 안 됩니다. 재정이 한꺼번에 채워지는 것도 아니고, 그때그때 공사를 한다는 것은 매우 비효율적입니다. 준공까지 몇 년이 걸릴지도 모르고, 물가가 해마다 뛰고 있는데 그렇게 공사하다가는 비용이 몇 배가 뛸지 모릅니다."

공사를 효율적으로 진행해야 한다는 건축위원장의 의견과 절대 빚내서는 건축하지 않겠다는 목사의 의견이 팽팽히 맞섰지만, 하나님은 형편과 사정을 움직이며 선하게 일을 해 나가셨다. 건설업에 종사하는 성도로 하여금 건축 자재를 헌납하도록 환경을 만드시는가 하면, 그 헌신으로 인해 3층 건물의 골조가 세워지자 그때부터는 성도들의 마음을 움직이셨다. 비록 외관만 세운 골조에 불과했지만, 번듯하게 세워진 3층짜리 성전을 본 성도들은 감격에 겨워했다. 유치원을 빌려 쓰던 가난한 교회가 이렇게 번듯하게 성전으로 세워지게 된 것은 오로지 하나님의 역사였음을 알았기 때문이다.

"목사님, 정말 하나님의 은혜입니다."
"아니에요. 이건 정말 하나님이 베푸신 기적입니다."

최초의 여의도침례교회 성전(1976년)

그때부터 너 나 할 것 없이 건축 헌금을 연보하기 시작했다. 적금을 깨어 내놓는가 하면, 어떤 성도는 가족 수대로 금액을 작정해서 내놓기도 했다. 자발적이고 헌신적인 연보가 계속되자 성전 건축 공사는 중단 없이 신속하게 마무리될 수 있었다.

골조가 세워지고 콘크리트가 깔리고 지붕이 덮이고 성전의 모습이 갖춰져 가는 모든 과정을 지켜본 성도들이 1976년 9월, 새 성전으로 들어섰다. 그 걸음은 예사로운 발걸음이 아니었다. 성도 한 사람, 한 사람의 정성과 헌신, 하나님이 주신 은혜에 대한 마음이 담긴 성전을 밟는 것이었기에 벅찬 감격과 기쁨으로 빛났다.

교회 창립 4주년인 1976년 9월, 여의도침례교회는 첫 성전을 봉헌하며 여의도에 최초로 세워진 침례교단의 교회로 자리매김했다.

"여호와께서 그에게 이르시되 네 기도와 네가 내 앞에서 간구한 바를 내가 들었은즉 나는 네가 건축한 이 성전을 거룩하게 구별하여 내 이름을 영원히 그곳에 두며 내 눈길과 내 마음이 항상 거기에 있으리니"(왕상 9:3).

## ■ 구국의 기도가 가져온 기적

새벽 찬 공기가 대지를 가를 즈음 예배당에 불이 켜졌다. 한기만 목사는 희미한 불빛에 의지해 강대상 아래에 무릎을 꿇었다. 선명한 목소리로 간구하는 기도는 구국을 향한 간구였다.

"하나님 아버지, 이 나라를 위하여 기도합니다. 더 이상 민족 간에 전쟁의 공포가 없게 하시고 하나님이 허락하신 평화를 이 땅에 허락해 주옵소서."

그것은 비단 전쟁을 경험했기에 공포에서 물러나기를 구하는 기도라기보다, 온 국민이 염원하는 통일과 안정, 이 땅의 평화를 구하는 그리스도인의 사명이기도 했다.

1970년대, 한국 교계는 한창 부흥을 경험하고 있었다. 하나님께서 우리 민족을 사랑하시어 은혜를 경험하게 하고, 새벽 찬 이슬을 맞으며 교회로 달려가 새벽부터 기도하게 하셨다. 이를 1970년대 부흥 운동이라 일컫는데, 실제로 여의도 광장에서 초교파 연합 부흥회나 기도회 등이 열리면 성도들이 구름 떼처럼 몰려와 함께 기도했다.

여의도침례교회도 이러한 부흥의 물결 속에서 성장하고 있었다. 한기만 목사는 각자의 신앙이 성숙해 가는 훈련과 함께 나라와 민족을 위한 기도를 강조하고 또 강조했다. 1975년, 여의도 국회의사당 시대가 열리고 여의도가 정치 1번가가 되면서 더욱 현실적으로 다가오기도 했지만, 그보다는 하나님이 당신의 자녀에게 맡기신 사명이었기에 기도 훈련으로 이어 갔다.

"성도 여러분, 나라가 평안해야 신앙생활도 마음껏 할 수 있습니다. 내 생각으로 나라를 바라보는 게 아니라 하나님께서 허락하신 이 나라가 온전히 하나님의 통치를 받을 수 있도록 우리가 기도로 보태야 합니다."

나라의 상황이 워낙 쉽지 않은 때였기에 믿는 자들의 기도와 간구가 더욱 필요하다는 것을 알았던 한기만 목사의 구국을 향한 특심이 얼마나 강했던지, 이는 수년 뒤 미국에 갔을 때 놀라운 일을 만들었다.

1978년, 한기만 목사는 미국의 댈러스로 향했다. 남침례교단으로부터 초청을 받아 가게 된 걸음이었다. 11명으로 시작한 교회가 5년 만에 500명 이상이 모이는 교회로 성장했으니 더 넓은 세상을 보고 오라는 교단 측의 배려였다. 미국 방문이 어려운 시기였음에도 방문 비자를 얻을 수 있었던 것은 미 남침례교 한국 선교사인 구두원(J. G. Goodwin) 선교사가 일정을 만들고 배려해 준 덕분이었다.

　한기만 목사는 생애 처음으로 미국의 교계를 돌아보면서 마음속에 알 수 없는 소망이 꿈틀거림을 느꼈다. 그는 먼저 댈러스를 갔다가 애틀랜타로, 그다음 내슈빌로 향했다. 내슈빌에서는 남침례교단에서 자랑하는 선데이스쿨보드(Baptist Sunday School Board)라는 곳을 방문했는데, 그곳은 미국의 2천 8백만 남침례교단 교인을 위해 성경과 훈련 교재 제작 그리고 제자 훈련까지 담당하는 곳이었다. 모든 시스템이 잘 갖춰져 있고 직원이 3천 명이 넘는 대단한 규모의 공동체를 보면서 한 목사는 자신도 모르게 도전을 받았다. 아무리 한국의 침례교단이 사람들의 인식 부족으로 교세가 크지 못하다고는 하나, 하나님은 어디서나 동일하게 역사하시는 분이니 복음이 전해지는 꿈이 있다면 그 꿈대로 실현될 거라는 믿음 말이다.

　선데이스쿨보드를 밟고 믿음의 그림을 그리고 있을 때, 그에게 또 한 번 만남의 복이 찾아왔다. 그곳의 부총재인 닥터 로즈(Dr. Rose)의 집에서 며칠간 머무를 수 있는 기회가 주어진 것이다. 한기만 목사로서는 모든 것이 새롭고 배울 점이 많았기에 닥터 로즈와 만나 이것저것 묻고 알아 가는 귀한 시간이 될 거라는 기대가 컸다.

　다음 날, 닥터 로즈와 저녁 식사 시간에 마주 앉게 되었다. 이런저런 이야기를 나누며 분위기가 무르익고 있는데, 대뜸 닥터 로즈가 한 사건을 거론했다. 이른바 미국의 워터게이트 사건에 빗댄 코리아게이트라 일컫던 사건으로, 미국 정치계를 향한 한국인의 로비에 관한 것이었다. 당시 그 사건이 조명되면서 미국인들 사이에서 한국을 비난하는 여론이 커졌기에 닥터 로즈도 그 이야기를 꺼낸 것이다. 이에 한기만 목사는 통역을 통해 이야기를 이어 갔다.

"닥터 로즈, 저는 정치에 대해 알지도 못하고 관심도 없습니다. 지금 말씀하신 사건이 뭔지도 잘 모릅니다. 대신 제 간증을 한번 들어보겠습니까?"

"그럼 그럴까요? 좋습니다."

"저는 전쟁을 경험한 사람입니다. 한국 전쟁 아시지요?"

그때부터 한기만 목사는 자신이 경험한 전쟁이 어땠는지, 피난을 가면서 어떤 고난과 어려움을 겪었는지 그리고 전쟁 이후 한국이라는 나라가 어떻게 일어섰으며, 그 속에서 한국의 그리스도인들이 나라를 위해 얼마나 기도했는지 진심을 다해 이야기했다.

"닥터 로즈, 지금 저는 안전한 나라인 미국에 와 있지만, 저의 아내와 아들과 딸, 성도들은 한국에 있습니다. 지금 이 순간에도 제가 걱정하는 것은, 여기 있는 동안 한국에서 전쟁이 나면 어떻게 할까 하는 것입니다. 그만큼 한국인들은 전쟁에 대한 공포가 크고, 지금도 그 두려움을 안고 살아갑니다. 그러니 우리는 나라를 위해 기도할 수밖에 없습니다. 당신도 전쟁이 일어나지 않도록 기도해 주시기 바랍니다."

한기만 목사의 나라에 대한 염려와 진심을 전해들은 닥터 로즈의 눈에서 눈물이 흘렀다. 자신이 표면적인 것만 보고 한국을 판단하고 있었다는 진심 어린 회개와 마음 아픔의 표현이었다.

"한 목사님, 당신의 마음이 진심으로 이해가 됩니다. 어떻게든 당신의 나라를 염려하는 그 마음을 돕고 싶네요."

"아닙니다. 말씀만으로도 고맙습니다."

"아닙니다. 제게 방법이 있을 것도 같습니다. 목사님, 지미 카터 대통령 아시지요? 제가 지미와 친구 사이입니다. 초등학교를 같이 다녔고, 한 마을에서 자란 베스트 프렌드예요. 대통령이 된 지금도 저와 함께 휴가를 보냅니다. 내일 아침 지미에게 연락해 볼 테니 지금 한 이야기 그대로 한 번 더 하십시오. 아마 지미는 한국인이 이런 상황에 있다는 것을 모를 것입니다."

생각지도 못한 전개였다. 우연히 만나게 된 사람을 통해 미국의 대통령까지 연결될 수 있다니, 이러한 현실이 꿈만 같았다.

다음 날, 닥터 로즈는 약속한 대로 지미 카터 대통령에게 전화를 걸었다. 아쉽게도 대통령은 미시시피에 가 있어 만남은 성사되지 못했다. 하지만 한기만 목사의 간증과 진심에 감동받은 닥터 로즈의 진심은 더 큰일이 성사되도록 했다. 한국으로 돌아가기 위해 내슈빌을 떠나던 날, 닥터 로즈는 한국의 평화를 위해 기도하겠으며 진심을 다해 돕겠다고 했고, 몇 달 뒤 지미 카터 대통령이 방한했을 때 그가 여의도침례교회를 방문하게 되었다.

이는 비단 누구 한 사람의 특별함 때문에 이루어진 결과가 아닌, 나라와 민족을 위해 기도하는 한국 기독교계의 특심을 아시는 하나님의 사랑이요, 은혜였다. 그만큼 여의도침례교회의 구국을 향한 진심은 계속 이어져 갔고, 나라를 위한 기도는 새벽 기도회 때마다 어김없이 온 성도가 우선적으로 기도하는 제목이 되었다. 뿐만 아니라 올림픽이나 나라의 중요한 일이 있을 때면 모두 모여 특별 기도회를 열어 이 나라를 지켜 달라고 기도했다. 이처럼 여의도침례교회의 구국의 비전, 구국의 특심은 50년 역사와 함께 이어져 오고 있다.

■ **여의도침례교회, 지미 카터 대통령의 방문을 받다**

"이때에 네가 만일 잠잠하여 말이 없으면 유다인은 다른 데로 말미암아 놓임과 구원을 얻으려니와 너와 네 아버지 집은 멸망하리라 네가 왕후의 자리를 얻은 것이 이때를 위함이 아닌지 누가 알겠느냐 하니"(에 4:14).

이 말씀이 생각나게 하신 분은 하나님이었다. 인간적인 생각, 사람의 판단으로는 기회를 잃었다고 생각할 수도 있었건만 하나님께서는 그 타이밍을 놓치지 않으셨고, 당신의 영광을 위해 여의도침례교회에 특별한 기회를 주셨다.

"여의도침례교회 한기만 목사님 되십니까? 여기는 미국 백악관이고, 저는 종교 담당 비서입니다."

미국을 방문하고 돌아온 지 몇 달이 지나지 않았을 때 걸려온 전화였다. 교회는 이제 막 새 성전에 입당한 지 3년차를 맞고 있었다.

"네, 맞습니다. 그런데 무슨 일이십니까?"

"이번에 지미 카터 대통령이 한국을 방문하는데, 주일 예배를 여의도침례교회에서 드리겠다고 하셨습니다. 그래서 연락드리는 것입니다."

"네. 네? 누구요?"

"지미 카터 대통령입니다."

전화기를 든 한기만 목사는 잠시 멍해졌다. 지미 카터가 침례교인이라는 것은 잘 알려진 사실이었지만, 왜 이름 없는 우리 교회에 와서 주일 예배를 드리겠다는 것인지, 작년에 만난 닥터 로즈가 중간에서 무슨 역할을 한 것인지 여러 생각이 오갔다. 한편으로는 좁은 예배당에 대한 걱정과 염려도 다가왔다. 새 성전을 짓고 난 뒤 교회는 빠르게 부흥해 나갔다. 100여 평 되는 본 예배당에 성도가 꽉 차고도 넘쳐 주일 예배를 1-3부로 나누어 드리고 있는 실정인데, 이곳에 국빈이 방문했을 때 얼마나 많은 인파가 몰릴지 우려가 되었던 것이다.

"미안합니다. 우리 교회는 공간이 비좁아서 오시는 데 불편함이 있을 것입니다. 그러니 큰 교회로 가시는 게 좋겠습니다."

당황한 건 오히려 그쪽이었다. 그는 이내 지미 카터 대통령이 직접 여의도침례교회를 가겠다고 했다는 말을 덧붙였고, 이에 한기만 목사는 다시 물었다.

"그럼 한 가지 묻겠습니다. 그분이 대통령으로 오시는 것입니까, 아니면 침례교인으로 오시는 것입니까?"

"침례교인으로 가는 것입니다."

"네, 알겠습니다. 오십시오. 우리 교회 주일 예배는 3부까지 진행되니 아무 때나 오시면 됩니다."

미국 대통령이 교회를 방문한다는 소식은 삽시간에 퍼졌다. 교회는 비상이 걸렸고, 의전을 위한 리허설이 진행되었다. 골방에 들어가 기도하기 시작한 한기만 목사는 하나님께 물었다.

"하나님, 그가 우리 교회에 오는 것에는 분명 하나님의 계획과 뜻이 있으리라 믿습니다. 하나님, 제가 무엇을 어떻게 준비해야겠습니까?"

기도 중에 모르드개가 에스더를 향해 "네가 왕후의 자리를 얻은 것이 이때를 위함이 아닌지 누가 알겠느냐"(에 4:14)라고 고백한 구절이 선명하게 떠올라, 그는 이때를 허락하신 하나님의 뜻을 구하며 기도했다. 그러자 마음속에 몇 가지 소원이 일어났다.

토요일이 되었다. 지미 카터 대통령이 한국에 도착했고, 그의 방한 소식이 대서특필되며 일거수일투족이 방송되었다. 교회도 비상이고, 청와대 관계자들도 비상이었다. 워낙 더위가 기승을 부릴 때라 선풍기로 더위를 대체하는 실정이었는데, 교회의 딱한 사정을 보고는 냉방용 에어컨도 특별 헌물할 정도로 신경을 썼다. 비서진과 경호원들의 삼엄한 경비 속에 주일 예배의 최종 예행연습이 이어졌다. 방한 일행에는 닥터 로즈도 있었다. 최종 예행연습에 온 닥터 로즈와 반갑게 인사한 한기만 목사는 고맙다는 인사와 함께 한 가지를 부탁했다.

"내일 예배를 마친 후에 대통령을 10분만 만날 수 없겠습니까?"

"그건 안 됩니다. 예배 끝나자마자 국회의사당에 연설을 하러 가야 해서 바로 움직여야 합니다. 다음에 미국에 오게 되면 제가 꼭 시간을 마련해 보겠습니다."

아쉬운 마음에 한 번 더 물었지만 대답은 같았다. 매우 아쉬운 상황이었다. 하지만 한 나라의 대통령의 시간을 개인이 어찌할 수 없기에 그저 기도만 할 뿐이었는데, 다음 날 아침에 허겁지겁 닥터 로즈가 찾아왔다.

"한 목사, 지미가 당신을 잠깐 만나겠답니다."

"네? 그래요? 시간은 얼마나 될까요?"

"6분 동안 만날 수 있습니다."

"그럼 방을 따로 마련할까요?"

"아니요. 계단 올라가면서 3분, 내려가면서 3분 정도 얘기하면 될 것입니다."

난감했다. 영어에 능통하지 못해서 당시 한국에 선교사로 파송되어 나온 남침례교단의 빌 휘지 목사가 통역을 하기로 했는데, 6분이면 시간이 턱없이 부족한 상황이었다. 고민이 깊어지며 하나님께 지혜를 구했다. 이 천금 같은 기회를 어떻게 살려야 하나 고민하고 있을 때 마음속으로 성령이 주시는 지혜가 탁 떠올랐다.

'아! 그래, 설교 시간을 조절하자!'

드디어 주일 예배가 시작되었다. 3백여 명의 성도와 지미 카터 대통령이 참석한 가운데 준엄하게 예배가 진행되었다. 과연 신실한 침례교인인 카터 대통령은 진심으로 예배에 임했고, 한기만 목사는 에베소서 3장 7절 말씀을 바탕으로 '교회를 주신 목적'이라는 제목의 설교를 시작했다. 그리고 원래 30분 동안 하기로 예정된 설교를 20분 안에 끝냈다.

은혜 가운데 예배를 마치고 약속대로 그와 함께 계단을 내려가는데, 옆에 있던 영부인이 시계를 보더니 대통령에게 말했다.

"지금 시간이 12분이나 남았어요. 목사님과 잠깐 얘기하고 가는 게 어때요?"

기회는 이때다 싶어 한기만 목사는 지미 카터 대통령에게 잠깐 면담을 청했고, 그는 흔쾌히 응했다. 즉각적으로 이루어진 미팅이었기에 장소를 물색할 틈도 없이 아래층 초등부 예배실로 안내했다. 초등부 예배실이라 어린이 사이즈에 맞춘 작은 의자에 둘이 마주 앉았다. 주변에는 경호원들이 빙 둘러싸고 있었다. 1분 1초가 아까웠던 한기만 목사는 바로 본론으로 들어갔다.

"오늘 우리 교회에 방문해 주신 것에 진심으로 감사드립니다. 당신에게 부탁하고 싶은 것이 세 가지 있습니다. 첫째, 오늘 예배 시간에 본 어린이 성가대가 미국 공연을 가는데, 백악관에서 노래 한번 할 수 있게 해 주십시오."

"좋습니다. 그렇게 하죠."

"두 번째 부탁입니다. 우리나라 대통령이 예수를 믿지 않습니다. 오늘 오후에 만나게 되면 꼭 예수님을 전하기 바랍니다."

"아멘."

"마지막 세 번째 부탁입니다. 당신이 미국 대통령이 되었을 때 우리 침례교인들은 너무 기뻐서 시민회관까지 빌려 축하 예배를 드렸습니다. 그런데 당신이 얼마 있다가 한 말 때문에 지금은 당신에 대한 신뢰도가 떨어졌습니다."

"그게 무엇입니까?"

"주한 미군을 철군한다고 하지 않았습니까? 지금 우리나라 그리스도인이 580만 명입니다. 만약 미군이 철수하면 제 생각에 한 달 이내로 북한에서 공격해 올 텐데, 그렇게 되면 남한에 있는 580만 명의 그리스도인은 저를 포함해서 다 순교하게 될 것입니다. 언젠가 당신도 하나님 앞에 설 것이고 저도 하나님 앞에 서게 될 텐데, 하나님 앞에 섰을 때 도울 수 있는 위치에 있으면서 돕지 않아 그리스도인 형제

지미 카터 대통령 방한(1979년)

580만 명이 순교했다고 하면 하나님께서 그 책임을 묻지 않으시겠습니까?"

이 말을 들은 지미 카터 대통령의 얼굴이 시뻘게졌다. 그것은 불쾌함에서 나온 것이 아니었다. 한국의 이름 없는 목사가 이처럼 철저한 국가관과 신앙관을 가지고 용기 내어 말하는 진심이 통했기 때문이었다.

"목사님, 제가 그 일 때문에 오지 않았습니까. 그러니 양국 간에 주한 미군 철수 문제가 잘 해결될 수 있도록 기도해 주십시오."

"네, 우리는 새벽 5시면 매일 모여 기도합니다."

"그렇군요. 다음에 또 오게 되면 그 예배를 보고 싶네요. 저를 위해서도 기도해 주십시오."

12분의 짧은 만남은 그렇게 끝났다. 이후 지미 카터 대통령은 한국에서의 짧은 일정을 마치고 미국으로 돌아가면서 한 목사에게 메모 한 장을 남겼다. 미 대사관의 클라크라는 참사관이 교회를 찾아 건넨 메모에는 지미 카터 대통령의 친필로 쓰인 글이 적혀 있었다.

DEAR HAN
목사님이 이야기한 것에 대해 나는 깊이 생각하고 기도하고 있습니다.
미국에 도착하면 발표될 겁니다.[7]

그 후 놀라운 일이 일어났다. 지미 카터 대통령은 미국에 돌아간 즉시 '한국에서의 주한 미군 철군을 중지한다'라고 발표했다. 이 메모는 한기만 목사의 손에 잠시 있다가 당시 중앙정보부장에게로 바로 넘어갔다. 미국 대통령이 교회 예배에 참석한다는 정보를 입수한 정보부가 이미 대통령이 오기 전부터 모든 접촉을 보고받고 있었기에 지미 카터 대통령의 메모 역시 바로 넘어갔지만, 한기만 목사는 엎드려 하나님께 감사했다.

'주님, 사람의 힘으로는 결코 일어날 수 없는 일입니다. 주님이 하셨습니다. 지미 카터가 이름 없는 교회에 오게 된 것도, 대통령과의 면담 시간을 만들게 된 것도, 삼엄한 보안을 뚫고 대통령과 마주 앉아 담대히 나라를 위한 조언을 할 수 있게 된 것도 모두 주님이 하신 일입니다. 주님만 영광 받으시옵소서.'

목회자로서뿐 아니라 민간 외교관으로서의 역할을 해낸 한기만 목

---

[7] 지미 카터 대통령이 보내온 메모.

사의 활약으로 여의도침례교회는 지미 카터 대통령의 방문 이후 교회의 위상이 180도로 바뀌는 기적과 마주했다.

"도대체 여의도침례교회가 어떤 교회이기에 미국 대통령이 방문했지?"

"아니, 침례교회가 그 정도로 위상이 있는 교단이었어?"

교세적으로 열세에 있고 때로 좋지 않은 시선도 받았던 침례교단에 대한 사람들의 관심이 집중되었고, 믿는 사람들 사이에서도 침례교단의 위상이 한순간에 격상되었다. 그 결과 지미 카터 대통령이 다녀간 1979년 7월 1일 이후 주일 예배는 날마다 새신자로 넘쳐났고, 이것은 여의도침례교회의 초기 부흥의 원동력이 되었다. 이 일은 훗날 지미 카터 대통령의 90세 회고록에서도 언급될 정도로 의미 있는 사건이었다.

> 나중에 한국(South Korea)을 방문했다 … 가장 큰 침례교회 가운데 한 곳(여의도침례교회를 말한다. - 편집인)에 가서 예배에 참석했다 … 박정희 장군과 공식 회담을 마무리 지을 무렵 그는 나의 기독교 신앙에 대해 알고 싶어 했다. 나는 나의 신앙을 짧게 설명해주고 그가 던지는 질문에 답했다. 이에 박정희 장군은 내게 침례교인 지인을 청와대로 보내주면 자신이 기독교인이 될 가능성을 모색해 볼 수 있을 것이라 요청했다. 한국을 떠나기 전, 나는 그와의 약속대로 일을 처리했다.[8]

---

8  지미 카터, 《지미 카터》(지식의날개, 2018)에서 발췌(카터 측 입장에서 작성된 글이기에 사실과는 조금 다를 수 있음).

## ■ 날마다 부흥하는 교회

1980년대에 들어서면서 여의도침례교회는 매주 새로운 성도들로 붐볐다. 이에 따라 교회의 틀과 체계가 필요해졌다. 이미 여전도회, 남자 형제 전도회, 여선교회 등이 조직되어 기관의 역할을 했고, 초기부터 조직된 구역은 해마다 늘어 갔다.

창립 5주년인 1977년에 선교부를 신설했고, 집사 68명, 구역장 10명을 임명할 정도로 구역이 늘어났으며, 1980년에는 구역이 36개로 확장하는 놀라운 성과를 이루었다. 그러는 가운데 최초로 안수 집사 12명을 세워 교회의 체계를 잡아 나갔다. 이듬해인 1981년부터는 늘어나는 구역을 부분적으로 관리하기 위해 6개 교구, 49개 구역으로 개편해서 각 교구에 교역자를 임명해 관리하도록 하는 등 교회의 틀을 갖춰 나갔다. 뿐만 아니라 성경 공부에 대한 수요가 늘어남에 따라 담임목사를 비롯한 교육 목회자들이 성경 공부를 인도하는가 하면, 훈련받은 평신도도 성경 공부 반을 가르칠 수 있도록 하는 등 평신도를 사역의 동역자로 세워 갔다.

안으로는 교회의 필생의 사명인 복음 전도에도 더욱 열정적으로 임했다. 어느 날, 미국의 전도 대회를 보고 돌아온 한기만 목사는 교회 중진들을 불렀다. 미국에 부흥을 일으키고 있는 전도 대회를 교회에도 적용하자는 제안이었다. 모두가 동의했고, 두 명의 교육 목사에게 그 전도 프로그램(CWT)을 공부하게 한 뒤 성도들에게 교육하도록 했다. 처음에는 훈련생도 직접 뽑았다.

"집사님, 한 목사입니다."

집사 안수식(1980년)

"목사님, 웬일이세요?"

"이번에 전도 훈련 학교를 시작하는데 집사님께서 훈련생으로 참여했으면 해서요."

"목사님, 말도 안 돼요. 목사님도 제가 얼마나 말주변이 없는지 아시잖아요. 이제 막 교회에 적응해서 잘 다니고 있는데, 전도 훈련생이라니요. 저는 정말 부족해요."

"집사님, 말 잘한다고 전도 잘하는 거 아닙니다. 성령 받고 훈련받아야 됩니다. 집사님, 제 말 믿고 순종해 보세요. 반드시 역사가 일어날 것입니다."

목사의 권유로 전도 훈련을 받게 된 훈련생들은 전도에 대해 체계적으로 교육받으며 현장으로 나갔다. 처음 만나는 이들에게 복음을 전할 때는 어떤 내용으로 다가서야 하는지, 그들에게 무엇을 물어야 하고 자신은 어떤 이야기를 해야 하는지 전 과정을 숙지한 후 그대로 전했다. 두세 명씩 짝을 지어 듣거나, 듣지 않거나 복음을 전했다.

저같이 부끄러움 많은 사람을 전도훈련생으로 뽑아주셔서 걱정이 많았습니다. 그런데 놀랍게도 훈련 받은 그대로 사람들에게 전하자 복음을 받아들이는 거예요. 그때 전도를 시작한 뒤로 전도의 불길은 계속 이어지고 있습니다. 목사님 말씀이 전도는 영적인 전쟁이기 때문에 늘 성령으로 가득 차 있어야 하고 전도에 우선순위를 두고 집중하라고 하셨기에 늘 그 말에 순종했습니다. 그러다보니 목발 짚고 나가서 전도하기도 했고, 그렇게 얻어지는 영혼이 얼마나 귀한지 알 수 있었습니다. 그 훈련이 지금까지 이어져 매년 전도훈련 때마다 참석하여 새 가족을 초청하고 그들을 주께로 인도하며 단 한 번도 놓치지 않고 전도하게 된 것은 하나님의 은혜요 축복입니다.[9]

전도에 관련한 훈련생들의 간증은 곳곳에서 생겨났다. 믿지 않는 남편을 구원해 달라는 요청을 받고 전도 팀이 집을 방문했을 때, 누구보다 불신자였고 강경했던 남편이 그 자리에서 예수를 구주로 영접했다. 전혀 믿을 것 같지 않은 사람이 말씀의 선포를 통해 구주를 영접하는 현장을 목도하면서 오히려 전도 훈련생들에게 역사가 임하기도 했다.

---

9  《오직 한 길》, '목사님이 그립습니다'(이애영), 45.

양평동의 한 가정을 방문해서 남성을 전도하기로 했습니다. 우리 교회 여 성도님이 소개한 이웃집이었는데, 어려울 거라는 생각과는 달리 의외로 복음을 쉽게 받아들여 기쁜 마음으로 아파트 복도에 나와 팀원들이 손을 잡고 감사의 기도를 드렸어요. 그런데 귀에 여성의 울음소리가 계속 들리는 겁니다. 이상하다 싶어 다른 분들에게 물어보니 들리지 않는다고 하고, 나중에 알고 보니 여 성도님이셨어요. 다가가 우는 이유를 물어보니, 이웃집은 구원을 받았는데 정작 자신의 남편은 불신자이니 이를 어쩌면 좋겠냐며 우시는 거예요. 그길로 그 가정으로 가서 무작정 남편이 오기를 기다렸어요. 그리고 복음을 전했습니다. 하나님의 역사로 불신자였던 남편은 예수를 믿겠다고 고백했고, 그 여 성도님은 기뻐서 어쩔 줄 몰라 했어요. 그렇게 전도를 하고 돌아오는데 얼마나 마음이 기쁜지, 마치 구름 위를 둥둥 떠다니는 것 같더군요. 그때의 감격과 기쁨은 어떻게 표현할 수가 없습니다. 과연 하나님은 한 영혼을 천하보다 귀하게 여기시기에 저로 하여금 여인의 울음소리를 듣게 하셨고, 담대히 전할 때 믿게 하셨다는 생각이 듭니다. 이러한 전도 폭발 운동 덕분에 우리 교회가 부흥하고 성장할 수 있었을 거라 생각합니다.[10]

이와 같은 전도의 폭발적 역사가 함께 일어나면서 여의도침례교회는 건물을 넓혀야 하는 필연적인 상황과 마주했다. 이미 출석 성도가 1천 명을 훌쩍 넘어섰고, 아무리 세 차례에 걸쳐 주일 예배를 드려도 본당이 수용할 수 있는 인원에는 한계가 있었다. 당연히 예배 이외의

---

10  전도 훈련 학교를 수료한 성도와의 인터뷰.

활동을 진행하는 데에도 역부족인 상황이었다. 아쉬운 대로 교회 앞에 부지 200평 정도를 확보해서 지하 1층만 공사한 후 교육관과 교역자 공간으로 사용하고 있었지만, 본당에 성도가 수용되지 않으니 확장은 필연적이었다.

이미 1980년대 중반 여의도에는 확보할 땅이 거의 없었는데, 마침 교회 바로 옆에 150평짜리 땅이 있었다. 그 땅을 확보하면 전체 부지가 500평이 넘게 되니 그 정도면 성도들을 충분히 수용할 수 있고, 더욱 부흥에 박차를 가할 수 있겠다는 판단이 섰다.

서둘러 그 땅의 주인을 수소문하니 부천에서 사업을 하고 있는 사업가였고, 그와 접촉한 결과 천금을 줘도 땅을 팔 생각이 없다는 대답만 들려왔다. 이를 두고 기도가 이어졌다. 교회가 건물로서 존재하는 것이 아닌 하나님의 성전으로서 존재하는 것임을 알게 해 달라고, 성도들의 예배 처소로 쓰임받기 위한 당신의 뜻을 보여 달라고 기도하던 중 하나님은 또 한 번 극적으로 부지를 확보하게 하셨다. 땅을 확보하는 과정에서 하마터면 사문서 위조에 휘말려 큰 어려움에 처할 수도 있었지만, 하나님은 그때그때 사람을 사용하고 피할 지혜를 주셔서 위기를 넘어가게 하셨고, 결국에는 합력하여 선을 이루는 결과를 가져올 수 있었다. 특히 보유 재정만으로는 부지 확보가 어려운 가운데서 빛도 없고 이름도 없는 성도들의 헌신을 통해 부채 없이 증축을 진행할 수 있었고, 그 결과 여의도침례교회는 지금의 외관(1,030평)을 갖추게 되었다.

교회는 증축의 과정을 거쳐 이전의 아담했던 모습이 아닌 1천 명 이상을 수용할 수 있는 넓은 예배당으로 변화되었다. 지어진 지 10년 만에 두 배로 확장한 교회는 성도들에게는 물론이고 믿지 않는 이들

증축 공사(1981년)

에게도 축복의 열매로 보였다. 아무것도 없이 세 들어 예배하던 교회가 어느새 성전을 짓고 미국 대통령이 방문할 정도로 명망 있는 교회로 이름이 나고, 매주 새신자가 모여들어 더 큰 성전으로 확장해 나가는 축복의 역사가 바로 눈앞에서 펼쳐지고 있었기 때문이다.

교회 증축을 통해 하나님은 당신의 영광을 위해 다양한 사람을 다양한 통로로 사용해 선한 결과를 만들어 내신다는 것을 또 한 번 보여 주셨다. 사람의 시각으로 볼 때는 무척이나 불가능해 보이는 과정이었지만, 하나님은 그 어렵고 힘든 상황들을 적절히 사용하며 연합하게 하셨고, 그 과정을 성도들이 그대로 경험하도록 하셨다. 성전은 사람이 짓는 것이 아니라, 하나님이 당신의 영광을 위해 그 일 또한 이룬다는 것을 보여 주신 셈이다. 이것이 여의도침례교회를 향한 하나님의 은혜다.

## ■ 열방을 향한 복음의 씨앗을 뿌리다

1990년 11월, 카자흐스탄 알마티 공항에 비행기가 착륙했다. 분주한 사람들 사이에서 조용히 눈을 감고 기도하고 있는 이가 있었다.

"주님, 이 땅의 백성이 구원받고 이 땅에 주의 교회가 세워지기 원하신다면 저를 당신의 도구로 사용하여 주시옵소서. 제가 할 수 있는 최선을 다하겠습니다."

이 모든 일이 꿈만 같았다. 해외 선교에 대해 이미 십여 년 전부터 꾸준히 관심을 가지고 참여하던 중이었지만, 1990년에 한국과 구소련이 수교를 맺음으로 중앙아시아로 해외 선교의 문이 열리게 된 것, 한기만 목사로 하여금 한국에서 개최된 제16차 세계침례교인대회의 준비위원장을 맡게 해 구소련 침례교 대표들과 만나게 하신 것, 또 그들을 환대함으로 다시 초대를 받아 소련 전도 대회를 할 수 있게 하신 모든 것이 하나님의 계획이 아니면 설명할 길이 없었다.

한국 침례교회가 해외 선교에 눈뜨게 된 것은 1976년, 미국 건국 200주년을 맞아 남침례교회의 초청을 받아 미국 방문 전도 집회를 열 때부터다. 2년 뒤 한기만 목사도 침례교단 목사들과 함께 미국 전도 집회를 인도하며 해외 선교에 대한 첫 번째 도전을 받았다. 도전은 실천으로 이어졌다. 서울 일원의 14개 교회가 모여 한국 침례교회 최초의 선교회인 '해외선교회'를 조직했을 당시 그는 초대 총무로 활동하며 1982년 최초의 침례교 선교사인 서상근 목사를 사모아로 파송했다.

그 후 해외선교회와 이후 구성된 다른 선교회들이 통합되면서 '기독교한국침례회 해외선교회'(줄여서 해외선교회)가 총회를 통해 발족되었고, 1988년 초대 이사장이 사임함에 따라 한기만 목사가 이사장을 맡게 되었다. 해외선교회는 다른 교단과는 차별화된 선교 전략과 방향을 세움으로 해외 선교의 효율성을 꾀했다.

몇몇 교단을 제외한 대부분의 교단 선교부는 총회 안에 있어서 총회가 변함에 따라 선교 구조도 항상 변하는 불안한 체제를 가지고 있습니다. 이것이 갖는 병폐가 큰데요, 첫째 선교가 연속성을 잃어버리게 되고 둘째, 선교가 총회의 정치에 의해 영향을 받게 되는 경향이 있어요. 셋째 이것이 하나의 명예 다툼이나 이권 다툼으로까지 비화될 가능성이 있습니다. 이에 반해 침례교 선교체제는 총회 정치의 큰 영향을 받지 않고 총회의 산하에서 감독을 받으며 선교를 위한 행정체계와 재정의 독립성을 갖추고 있습니다. 이는 어떠한 외부의 영향도 받지 않으면서 자립선교를 할 수 있는 토대를 마련했다고 볼 수 있습니다. 이사회가 총회와 연관성을 갖지만 총회에 따라 변하지 않고 연속성을 갖고 일할 수 있다든지, 선교회가 소신껏 일할 수 있도록 이사회의 감독을 받는 체제를 갖추는 것은 다행한 일입니다.[11]

한기만 목사는 해외선교회의 수장을 맡은 후 효율적인 해외 선교의 연속성을 유지할 수 있도록 든든한 바람막이 역할을 하며 소신을 다해 일했다. 해외선교회 활동이 본격화됨에 따라, 여의도침례교회를 통해 1990년 최초로 인도네시아에 하호성 선교사가 파송되었다.

---

[11] 《오직 한 길》, '해외선교회의 발전에 공헌한 한기만 목사님'(이현모), 174.

1990년을 맞이하면서 상황이 급변했다. 우리나라에 전에 없던 개방의 문이 열리며 한·소 수교가 맺어졌다. 때마침 한국 침례교회가 오랫동안 유치하기를 소망했던 침례교 최대 국제 행사인 제16차 세계침례교인대회가 88올림픽 주경기장에서 열렸고, 1980년대에 여의도 침례교회를 방문한 적이 있는 빌리 그레이엄(Billy Graham) 목사가 구소련에서 침례교 목회자 153명을 보내 주어 그들이 이 세계대회에 참석하게 되었다. 본래 158명이 오고자 했으나 사정상 153명이 참석하게 되었는데, 일각에서는 이를 두고 153의 기적이라고 부르기도 했다.

이때 세계침례교인대회 준비위원장을 맡고 있던 한기만 목사는 어렵게 참석하게 된 153명을 향한 특심으로 그들을 호텔에 숙박하도록 배려하며 교제를 이어 갔다. 교제를 통해 듣게 된 구소련의 상황은 어

소련 침례교인 초청 만찬회(1990년)

려웠다.

"목사님, 소련의 영적인 상황은 매우 어렵습니다. 소련 연방국 70년 동안 하나님 없이 살았고, 하나님 없이 도덕적으로 선하게 살 수 있다고 배웠습니다. 사회주의 이론인 유물론 사상을 배운 지식인들에 의해 영적인 공백기가 형성된 것입니다. 동포들은 이렇게 영적인 성이 무너진 가운데서 살아가고 있습니다. 하루빨리 복음이 전파되기를 기도하고 있습니다."

"우리가 어떻게 도우면 되겠습니까?"

"복음을 전해 주십시오. 하나님은 성 무너진 데를 막아서서 당신으로 하여금 멸하지 못하게 할 사람들을 찾고 계신다고 하지 않습니까? 저희에게는 그럴 사람들이 필요합니다."

그들의 갈급한 눈빛과 애타는 마음이 전달되었다. 그 만남은 깊은 여운과 도전을 남겼고, 얼마 뒤 그들로부터 초청을 받아 방문함으로써 중앙아시아 선교의 문이 열렸다.

1990년 11월, 한기만 목사를 비롯해 해외선교회 유병기 회장, 빌휘지 선교사는 러시아의 모스크바를 비롯해 우즈베키스탄의 타슈켄트, 카자흐스탄의 알마티, 키르기스스탄의 비슈케크를 방문하여 현지 사정을 보았고, 전도 집회를 인도하는 과정에서 오히려 감동을 받았다. 스탈린(Joseph Stalin)에 의해 이유 없이 강제 이주되어 뿔뿔이 흩어져 혹독한 삶의 정착기를 보냈던 고려인들, 그들이 수십 년이 지나 선교의 그루터기가 되고 있었기 때문이다. 그들은 자신들의 의지와는 상관없이 강제 이주와 혹독한 시련을 당했지만, 그마저 하나님의 선하신 뜻임을 고백했다. 고난이 영광이 되고 있음을 고백하는 이들이

소련 전도 대회(1991년)

아직 남아 있었던 것이다.

이에 하나님께서는 중앙아시아라는 해외 선교지에 대한 도전을 강하게 이어 가도록 이끄셨다. 이는 여의도침례교회가 해외 선교의 방향과 정체성을 위한 선택과 집중을 확립하는 계기가 되었다. 그렇다고 반드시 중앙아시아만 지원하겠다는 것은 아니었다. 언제나 선교에 대한 마음은 열어 두되 하나님이 보여 주신 땅, 중앙아시아에 대한 선택과 집중의 선교를 하기로 했던 것이다.

구소련을 방문하고 돌아온 한기만 목사는 이듬해 4월, 알마티중앙교회의 김동성 선교사 후원으로 중앙아시아 선교를 시작했다. 또한 1991년 10월에는 여의도침례교회 성도들과 함께 키르기스스탄의 비슈케크, 카자흐스탄의 알마티를 방문해서 전도 집회를 인도하는 등 본격적인 해외 선교의 행보를 이어 갔다. 특히 알마티 인민문화회관에서 인도한 전도 집회는 대성황을 이루었다. 많은 영혼이 주께로 인도되었고, 복음으로 하나 된 교회의 성도들은 동족을 향한 애정과 복음을 향한 열정을 나누었다. 이 집회가 미친 영향력은 대단했다. 이 전도 대회를 통해 교회는 소련 정부로부터 종교법인 허가를 받았으며, 종교법인으로 초청하는 모든 선교사는 정식으로 선교 활동을 할 수 있을 뿐 아니라 교회 재산을 취득할 수 있는 공식적인 기회가 되었다.

영적으로 메마른 땅에 성령의 단비가 내려 놀라운 역사가 이루어지는 현장을 직접 경험하게 된 성도들도 완전히 변화되었다. 유물론으로 가득 차 있던 냉소적인 이들에게 복음이 들어가자, 예수를 구주로 영접하는 현장에서 하나님의 놀라운 역사와 일하심에 감동된 것이다. 특히나 복음을 받아들이게 된 고려인의 고백은 큰 감동이었다.

> 주를 만나기 전 저는 조국이 어디며 집이 어디에 있는지 질문을 하곤 했습니다. 그래서 이번에 한국에 처음 방문했을 때 한국이 저의 조국이라는 생각에 큰 기대를 했는데, 결국은 한국이 조국이 아니라는 것을 깨닫게 되었습니다. 카자흐스탄에 사는 동안에도 이 나라의 이방인으로 살고 있었거든요. 하지만 하나님께서 저를 부르시면서 하나님 안에서 큰 소망을 보았습니다. 왜 내가 이방인으로 이 땅에 살아야 하는지, 하나님의 계획과 저의 진정한 모국은 하늘나라라는 것을 알게 되었습니다.[12]

---

[12] 《오직 한 길》, '카자흐스탄 사랑'(한 알렉산드르), 109-110.

선교지를 직접 경험하고 온 여의도침례교회 성도들도 변화되었다. 해외 선교를 위한 자발적인 헌신이 이어져, 그해 추수감사절의 감사 헌금은 모두 선교 헌금으로 작정해 5만 달러가량의 헌금이 현지 선교를 위해 전달되었다.

한기만 목사는 현지에서 맺어진 신앙의 열매를 그냥 둘 수 없어, 그해 중앙아시아 고려인들을 초청해 그들을 위한 신앙 훈련도 이어 갔다. 현지에서 역부족인 교리와 성경 공부를 체계적인 가르침으로 양육하고자 함이었다.

여의도침례교회의 중앙아시아를 향한 선택과 집중의 해외 선교는 1990년대에 들어서며 이미 파송되어 활동 중인 주 바나바 선교사 등을 후원하고 협력 선교사로 관계를 맺어 지원하는 등 아낌없는 재정적인 지원과 기도로 이어 가며 아름다운 복음 사역의 기초를 다졌다.

한기만 담임목사가 해외선교회 이사장으로 취임하면서 여의도침례교회는 해외선교에 더 적극적으로 동참하게 되었고 침례교 해외선교회가 분명한 방향성을 가지고 나갈 수 있도록 기도와 여러 지원을 아끼지 않았다. 침례교 해외선교회는 사역할 지역에 대한 학술조사를 통해 미전도종족과 지역에 대한 분명한 그림을 가지고 사역을 시작할 수 있게 되었다. 이에 여의도침례교회는 침례교 해외선교의 전략적 사역을 지원하고 협력하였다. 여의도침례교회는 선택과 집중이라는 선교에 대한 철학을 가지고 사역을 하였다.[13]

---

13  김현종, <땅끝으로 가는 길에 핀 꽃> 목회학 박사 논문 참고.

중앙아시아는 그곳의 다양한 민족을 섬기는 교회와 많은 성도를 세우는 놀라운 결과를 낳게 되었으며, 특별히 건강한 교회 개척 사례와 현지인 리더십의 성공적인 이양으로 현지인들이 자신의 나라와 지역을 책임지도록 하는데 성공하여 세계선교에 주목받는 지역이 되었습니다. 이 같은 결과는 하나님의 인도를 따라 눈물과 헌신으로 수고한 선교사들과 중앙아시아를 지원하고 기도한 지역교회 해외선교회가 그리스도의 몸된 원리를 따라 함께 순종한 결과입니다. 특별히 한기만 이사장은 이 땅에 선교의 문을 여는데 쓰임 받았을 뿐 아니라, 그곳의 필요를 채우고 중앙아시아에 복음을 증거하고 교회를 개척하는 데 여의도침례교회와 함께 힘을 다했습니다.[14]

---

[14] 《오직 한 길》, '침례교 해외선교회 이사장 한기만 목사의 헌신'(유병기), 168-169.

알마티중앙교회 예배 모습

알마티중앙교회 초기 모습(1991년)

# 3
# 권능을 받은 예수의 증인들

## ■ 청년이 된 여의도침례교회

"주의 권능의 날에 주의 백성이 거룩한 옷을 입고 즐거이 헌신하니 새벽이슬 같은 주의 청년들이 주께 나오는도다"(시 110:3).

비가 내리지 않는 중동 지역의 광야에서 생명의 젖줄은 새벽이슬이다. 낮과 밤의 기온 차로 맺히는 새벽이슬은 물 한 방울이 귀한 광야에서 동물의 갈증을 해소할 수 있는 생명수가 되고, 메마른 대지를 적시는 소생의 기운이 된다. 이 이슬을 모아 마시는 음료로도 사용할 정도로 새벽이슬은 하루의 시작이요, 생명 활동의 원동력이 된다.

하나님께서는 이 새벽이슬을 청년들에게 빗대어 표현하신다. 주의 권능의 날에 주의 백성이 거룩한 옷을 입고 헌신하는 광경 가운데 특별히 새벽이슬과 같은 생명력을 지닌 청년들의 나아옴을 기억하신다는 것이다.

1992년, 여의도침례교회는 이제 막 창립한 지 스무 해 되는 청년의 때를 맞이하고 있었다. 말씀처럼 새벽이슬과 같이 생명력 있고 활동력 있게 하나님의 사역을 감당하고 있는 시기이기도 했다.

담임목사 부부와 11명의 성도로 시작한 교회는 20년이 지나 교육목사 7명과 음악 목사, 협력 목사 및 전도사 7명의 사역자들이 섬기는 교회로 성장했고, 그동안 세운 안수 집사만 해도 29명을 넘어섰다. 한 번에 1,500여 명을 수용할 수 있는 예배당에는 주일 1, 2, 3부 예배와 저녁 예배까지 성도들로 꽉 찼고(장년 2천여 명, 대학청년부 3백여 명, 유·초·중·고등부 1천3백여 명), 오전 5시와 6시에 드리는 새벽 예배와 함께 수요 예배, 금요 기도회 등 다양한 예배가 마련되어 진행되었다. 교회의 자랑이기도 한 찬양대의 눈부신 활약도 시작되었다. 찬양 중에 거하시는 하나님이기에 각 예배 시간마다 찬양을 담당하는 6개의 성가대가 조직되어 예배를 도왔고, 이들은 부활절, 추수감사절, 성탄절 등 교회 절기에 따라 영광스러운 찬양으로 성도들에게 은혜를 더했다.

예배마다 메시지의 전달 방식에도 차별을 두었다. 복음적인 설교를 통해 죽은 영혼이 살아나며 병든 영혼이 치유되는 신령한 은혜와 축복을 나눈다는 방향성은 그대로 가져가되, 주일 저녁에는 온 마음을 모아 찬양을 드리는 찬양 예배 형식을 갖기도 하고, 수요 예배는 강해 설교를 통해 성도들로 하여금 성경과 메시지를 문맥에 맞게 이해하고 깨달을 수 있도록 했다. 또한 성도들의 성숙한 기도 생활을 위해 새벽 기도회와 금요 기도회를 기도의 시간으로 만들어 교회에 기도의 불길이 끊이지 않게 했다. 이는 교회의 규모가 커짐에 따라 조직이나 체계에 얽매여 외적인 것에 치중할 것을 경계한 것이기도 했다. 한기만 목사는 창립 20주년을 맞아 교인들에게 여의도침례교회가 지닌 정체성이 무엇인지, 어떤 방향을 끊임없이 추진해야 할 것인지 본질적인 것에 대해 늘 강조했다.

20년 동안 하나님께서 우리 교회에게 내려 주신 은혜가 너무 많습니다. 내려 주신 은혜 중 가장 큰 은혜는 수많은 성도들의 기도와 정성을 다한 수고, 헌신을 축복하셔서 성서적인 여의도교회를 세워주신 것입니다. 신령과 진정으로 예배하는 교회, 하나님의 말씀을 열심으로 공부하는 교회, 왼손이 하는 일을 오른손이 모르게 그리스도의 사랑을 실천하는 교회, 그리고 서울과 한국과 세계에 최선을 다하여 복음을 전하는 교회로 세워주신 것입니다.
여의도침례교회의 이상은 모든 성도들이 주님을 닮아가며 말씀과 지상 최대 명령에 순종하는 것입니다. 또한 사회와 국가와 세계 인류 공동체에 그리스도의 빛을 발하는 것입니다. 그리고 우리 주님 재림하실 때 다 함께 들림을 받는 것입니다. 이것이 청년기를 맞는 여의도침례교회의 이상이며 기도입니다.[15]

청년의 시기를 맞이한 여의도침례교회의 내·외적인 변화도 많았다. 내적으로 볼 때 여의도침례교회의 뿌리이기도 한 제자 훈련은 더욱 영글었다. 이미 제자 훈련을 향한 한기만 목사의 특별한 관심과 노력 덕에 여의도침례교회의 성경 공부와 제자 훈련이 교계에 알려져, 교단의 유명한 목회자들이 참관하는 등 제자 훈련에 대한 교계의 관

---

[15] 여의도침례교회 20주년 기념지 인사말 참고.

심이 이어지는 상황이었다.

　20년차를 맞아 성도의 영적 성숙과 영적 재생산을 목표로 하는 제자 훈련의 과정은 다양해졌다. 1박 2일 과정으로 진행되는 복음 경건 수양회, 하나님의 소원인 복음 증거의 삶을 살도록 훈련된 전도인을 배출하는 주 중 전도 학교, 교회에 등록한 새신자를 훈련된 지도자로 만드는 13주 양육 과정, 그리스도의 장성한 분량에 이르기까지 영적으로 돕기 위한 경건 훈련 학교 등을 통해 영적인 성숙과 재생산을 위한 훈련을 진행하며 성도들은 더욱 풍성한 신앙의 성숙을 이어 갔다.

　그중에서도 가장 주목할 만한 것이 'YTD'(Youido Tres Dias)다. YTD를 교회에 도입하게 된 것은 1990년이었다. 1989년, 미국에서 열린 ITD(Irvine Tres Dias) 수련회에 참석하고 돌아온 한기만 목사는 큰 도전을 받았다. 스페인어로 '3일간의 시간'을 의미하는 이 경건 훈련을 통해 실존적인 예수 그리스도의 은혜를 체험하게 된 뒤 조심스럽게 성도들에게 이 훈련을 도입하자고 제안했고, 이듬해 몇몇 성도의 헌신으로 사역을 시작하게 되었다. 생경한 프로그램에 고개를 갸웃거리던 성도들도 막상 이 훈련 프로그램에 참여하고 난 뒤에는 놀라운 변화를 경험했다. 영적인 경건 훈련인 만큼 적극적으로 드러내지 않는다는 특징이 있기에 훈련에 대해 마음껏 표현할 수 없었지만, 이를 경험한 이들이 차츰 늘어날수록 교회 공동체는 더욱 단단하게 다져져 감을 느꼈다.

　창립 20주년을 맞아 경기도 광주시에 위치한 장심리에 여의도침례교회 수양관을 완공하게 되면서 이 수양관이 수련회 장소로 적절하게 사용되었다. 본래 수양관 부지를 매입하게 된 것은 1988년, 예전

창립 20주년 기념 예배(1992년)

부터 학원 선교에 관심이 많았던 한기만 목사는 본교 학생들을 위한 또 하나의 공간으로 수양관을 설계했다. 그런데 웬일인지 부지에 대한 사용 허가가 계속 떨어지지 않았다. 관의 위세가 대단해서 민원을 접수한 뒤 해결되지 않아서 기도 중이었는데, 하나님은 적절한 타이밍에 교회의 직분자를 사용해서 이 문제를 해결하셨다. 사람을 통해 법률적 하자가 없으니 사용할 수 있도록 허가를 받게 하셨고, 그즈음 TD를 도입하게 되면서 수양관 설계도를 전면 변경하게 되었다. 아마 처음부터 사용 허가가 났더라면 영성 훈련장으로 쓰임 받지 못했을 텐데, 과연 하나님의 계획은 치밀하다.

1990년, TD를 도입하게 되면서 수양관 건축 설계가 전면 변경되었다. 1천여 평 되는 돌투성이 부지를 일일이 다져 가며 하나하나 공사를 진행하는 등 보이지 않는 섬김의 손길이 있었기에 1년 만에 수양관이 완성되었고, 이후 교회에서 실시되는 경건 훈련 수련회는 모두 본교 수양관에서 진행되었다. 고요한 산속에 위치한 수양관에서의 수련회를 통해 하나님의 사랑을 체험하게 된 성도들의 간증과 그들의 변화와 헌신은 성도들에게 본이 되었고, 그리스도와 보다 깊은 관계를 유지함과 함께 교회를 보다 활성화시켰으며, 그리스도의 몸된 교회를 든든히 뿌리내리게 했다.

1990년부터 시작한 영적 제자 훈련 과정은 지금에 이르러 YTD로 바뀌어 진행되고 있으며, 본교회 성도뿐만 아니라 중앙아시아와 중국 선교 현장에도 적용할 수 있도록 해서 선교 현장의 영적인 부흥을 꾀했다.

이러한 제자 훈련은 중장년 성도뿐만 아니라 교회학교에도 그대로 적용되었다. 한기만 목사는 창립 초기부터 성경 교육에 관심을 두었

장심리 수양관(2018년)

기에 교회 차원에서 행해지는 교육에 세대의 차이를 두지 않았다. 교회학교가 주일마다 각 부별로 성경 공부를 진행해서 20년차가 되던 당시, 전체 80개 반이 운영될 정도로 교회학교의 교육은 풍성한 열매를 맺어 갔다.

성도의 수가 증가함에 따라 전체 교구도 8개(강서, 강남 및 안양, 여의도 6개)로 나뉘었고, 그 속에서 소구역으로 나뉘어 전체 124개 구역이 조직되었다. 하나님의 사랑을 나누는 믿음의 공동체라는 방향 아래 금요일 11시에 구역 모임을 통해 예배와 기도, 사랑의 교제를 나누며 서로 지체가 되어 몸 된 교회를 이루어 나갔다. 성도가 증가함에 따라 자칫 소홀해지기 쉬운 교제를 위해 교회는 다양한 행사와 프로그램을 기획해 모이도록 했다. 특히 각 교구별 행사를 다양하게 계획해 교구별 찬양 대회, 체육 대회, 수양회 등을 통해 전 성도가 전방위적으로 모이고 교제할 수 있는 장을 마련했다.

| 교구의 조직(1992년 당시) | | |
|---|---|---|
| 교구 | 지역 | 구역의 숫자 |
| 1 | 강서 지역 일대 | 14 |
| 2 | 여의도 지역(한성, 미성, 광장, 백조) | 17 |
| 3 | 여의도 지역(서울, 목화, 공작, 삼부) | 21 |
| 4 | 여의도 및 강북 지역(화랑, 대교, 장미) | 11 |
| 5 | 여의도 지역(한양, 미주, 수정) | 15 |
| 6 | 여의도 지역(은하, 삼익, 진주) | 17 |
| 7 | 여의도 지역(시범) | 15 |
| 8 | 강남 및 안양 | 14 |
| 전체 | | 124 |

교회의 전문인 사역도 활기를 띠었다. 사회 각 분야에서 활약하고 있는 실업인들이 교회 사업에 헌신함으로 하나님의 일을 능률적으로 하기 위해 실업인회가 수년 전(1984년)부터 발족되어 교회의 주축으로 활동하고 있었고, 교회 소속의 교직자와 교육계 종사자로 구성된 교육자회, 또한 의료 선교회가 창설되어(1987년 조직, 1999년 재창립) 의료업을 통한 선교와 봉사를 목표로 활동을 시작했다.

이러한 모임은 교회 안에서의 교제만으로 끝나지 않았다. "너희는 온 천하에 다니며 만민에게 복음을 전파하라"(막 16:15)는 명령과 "네 이웃을 네 자신과 같이 사랑하라"(마 19:19)는 계명을 지키기 위해 실천하는 믿음으로 나아갔다. 성도 모두가 국내외 선교를 위한 복음의 열정을 갖고 자발적으로 헌신해 나간 결과, 1984년 추수감사절 헌금 전액이 국내 미자립 교회와 개척 교회의 지원을 위해 전달된 것을 시작으로, 이후 창립 20년차를 맞았을 때는 교회 차원에서 매월 일정 금액이 침례교단의 20개 미자립 교회와 전국 33개 교회의 개척에 지원되었다. 이는 사도행전의 말씀처럼 성령을 받으면 권능을 받고 예수의 증인이 되리라는 말씀을 실천한 것으로서, 전국에서 목마른 영혼을 돌보는 교역자들의 활동을 효과적으로 지원한 국내 선교의 시작이라 볼 수 있다.

해외 선교 활동은 더욱 가속도를 냈다. 이미 1982년에 남태평양 사모아에 선교사로 가 있는 서상근 선교사, 1984년에 파라과이 원주민 사역을 하고 있는 고광철 선교사를 후원하며 해외 선교 지원을 시작했고, 1988년에 한기만 목사가 기독교한국침례회 해외선교회 이사장을 맡으면서 교회의 해외 선교 활동 범위와 반경이 넓어졌다.

1990년 5월, 여의도침례교회에서 처음으로 하호성 선교사를 인도네시아로 파송, 본격적인 선교사 파송 교회가 되었고, 그 이후 선택과 집중이라는 선교 방향성을 가지고 개교회 차원을 넘어 교단과 함께 해외 선교 활동에 동참했다.

특히 1990년에 세계침례교인대회를 서울에서 개최하면서 여의도침례교회 성도들의 영적인 시야는 더욱 넓어졌다. 침례교단은 당시 전 세계적으로 3천5백만의 신자를 가진 가장 큰 교단으로서, 1905년부터 5년 단위로 세계침례교인대회를 개최해 믿음 안에서 교제할 수 있는 침례인의 영적인 축제를 열었다. 1990년에 그 축제를 서울에서 개최하게 되면서 한기만 목사는 준비위원장으로, 본교회 성도들은 다각적인 활동을 통해 대회를 도왔다. 이때 구소련 침례교 지도자들이 참석했는데 그들을 정성껏 섬긴 이들 역시 여의도침례교회 성도들이

세계침례교인대회(1990년)

다. 그들을 통해 중앙아시아의 영적인 갈급함과 그 땅에 정말로 복음이 필요하다는 사실을 깨닫게 되면서 교단과 함께 여의도침례교회 성도들도 중앙아시아 선교의 필요성을 느끼게 되었고, 담임목사와 함께 선교지를 방문하며 자발적 헌신을 이어 갔다.

그 후 중앙아시아에서 사역하고 있는 김동성 선교사, 주 바나바 선교사 등을 후원했고, 알마티와 타슈켄트 전도 집회에서 예수를 영접한 22명을 초대해 신앙 훈련을 하기도 했다. 또한 카자흐스탄 침례교회 목회자와 40여 개 교회에 생활비를 지원하는 등 현지에서 활동하고 있는 사역자들과 유기적으로 협력해서 적절하게 선교할 수 있도록 지원하는 일에 정성을 쏟았다.

스무 살, 청년의 때를 맞은 여의도침례교회는 점점 성령의 권능을 받아 예수의 증인으로 세워져 갔다. 이는 사람의 힘이나 재능으로 된 것이 아니었다. 오직 주의 권능의 날에 그리스도라는 옷을 입은 백성이 헌신하며 나아올 때 하나님이 은혜의 선물로 주신 것이었다.

### ■ 네 장막 터를 넓히며

"네 장막터를 넓히며 네 처소의 휘장을 아끼지 말고 널리 펴되 너의 줄을 길게 하며 너의 말뚝을 견고히 할지어다 이는 네가 좌우로 퍼지며 네 자손은 열방을 얻으며 황폐한 성읍들을 사람 살 곳이 되게 할 것임이라"(사 54:2-3).

1990년대 중반, 여의도침례교회의 주일 예배가 시작되면 교회는 인근 각처에서 모여든 성도들과 유아, 유치부 아이들 및 청년들로 북적였다. 100여 평의 부지를 마련해서 지하 1층, 지상 1층의 작은 교육관을 지어 성경 공부실로 사용하고 있었지만 성도들을 수용하기에는 이미 한계를 넘어섰다. 사정이 이렇다 보니 교회를 섬기는 이들이 자신의 집을 공부 처소로 내놓으며 부족한 공간을 충당했다.

　'주님, 더 이상 교회를 넓힐 곳이 없어 보이는데 어쩌지요? 교육관이 정말 필요할 것 같은데요. 하나님, 방법을 알려 주십시오.'

　기도는 더욱 간절해졌다. 교회의 터를 넓히는 것이 필요에 의한 것인지, 하나님이 원하시는 것인지를 묻고 또 물었다. 여의도침례교회 초창기 때 부흥회에 와서 말씀을 전한 목사님이 건넸던 말도 떠올랐다. 국내적으로 알려진 인물로서 기독 언론사 건축을 훌륭히 해낸 분이었는데, 유치원 2층에 세 들어 목회하고 있던 한기만 목사에게 이런 말을 건넸다.

　"한 목사님, 너무 교회 건축을 위해 애쓰지 마세요. 제가 하나님의 영광을 위해 건물을 지으며 성공했는지는 몰라도, 개인적인 신앙으로 볼 때는 버린 목사나 같아요. 하나님의 영광을 위해 짓는다고 했지만 막상 하다 보니 선하지 않은 방법을 쓰게 되고, 그러다가 믿음이 망가졌어요. 하나님의 영광을 위해 교회를 짓는다는 마음에 무리하거나 거기에 치중하다 보면 믿음을 잃어버릴 수 있습니다."

　그분의 솔직한 고백을 반면교사 삼아 건축에 있어서는 늘 조심스러웠기에 교육관 건축에 신중히 접근하던 차에 또 한 번 하나님의 기막힌 타이밍이 다가왔다.

"목사님, 우리 교회 옆에 있는 서울국제침례교회가 이전을 한답니다."
"그래요? 그럼 미국으로 들어가는 겁니까?"
"그건 아니고, 용산으로 옮긴다고 하네요."

당시 여의도침례교회와 바로 이웃하는 곳에 미 남침례교단이 세운 서울국제침례교회(Seoul International Baptist Church)가 있었는데, 그 당시 여러 사정으로 교회를 옮겨야 하는 시점이 왔던 것이다.

한기만 목사는 처음부터 교회 건축의 전반적인 업무를 맡고 있던 건축위원장과 마주 앉아 교육관 건축 문제를 의논했다. 교육관에 대한 필요성은 성도 모두가 느끼던 터라 건축위원장도 필요성을 절감하고 서울국제침례교회 측과 만나 의견을 나누기로 했다. 워낙 여의도 땅의 가치가 천정부지로 높아진 상태였고 위치도 좋은 곳이라 어마어마한 금액을 제시하면 어쩌나 하는 고민도 들었지만, 이내 하나님이 만드신 타이밍이라는 믿음으로 부딪혔다.

"교회를 이전하신다고 들었습니다. 저희가 이곳을 사겠습니다. 아시다시피 저희 교회가 많이 비좁고 교육관도 지하에 있는 등 열악해서 교육관 건립이 매우 필요한 상황입니다. 기도하던 중 마침 이전하신다는 소식이 들려서 매매 협의를 했으면 하는데, 가격을 얼마나 생각하고 계시는지요?"

"아, 글쎄요. 다만 미국 선교법상 선교지에 세운 건물을 팔고 돈으로 가져갈 수는 없게 되어 있습니다. 그 돈은 모두 해외 선교에 사용해야 합니다."

생각지도 못한 전개였다. 이미 여의도침례교회가 해외 선교에 재정의 많은 부분을 사용하고 있다는 사실이 교차되었다.

"그럼 이렇게 하는 것은 어떻습니까? 저희가 이 땅을 사겠습니다. 대신 한꺼번에 비용을 지불할 수는 없고, 해마다 땅값에 해당하는 비용만큼을 해외 선교비로 쓰겠습니다."

"그렇게 해 주신다면 저희야 좋습니다."

생각해 보면 양쪽 모두에게 좋은 협의였다. 여의도침례교회로서는 부담 없이 땅을 확보하되 해마다 지원되는 해외 선교 재정을 더 늘리면서 해외 선교 사역에 집중할 수 있고, 서울국제침례교회 쪽에서도 손쉽게 건물 문제를 해결하되 선교로 지원할 곳을 알아보는 수고를 덜었으니 말이다. 하나님의 계획과 섭리는 이처럼 선하다.

하나의 언덕을 넘었지만 교회로서는 또 하나의 언덕이 남아 있었다. 550평의 부지는 얻었으나 그곳에 건물을 세우는 일이었다.

"목사님, 10층 건물을 올리려면 어느 정도의 공사비가 확보되어야 시작할 수 있습니다. 부지가 확보됐으니 은행에서 자금을 빌려서라도 건축을 하시지요."

"안 됩니다. 절대 빚지고는 건물 안 짓습니다. 교회가 보유한 재정을 파악하고 거기에 맞춰서 한번 진행해 보세요."

당시 교회가 보유하고 있는 재정은 20억 원가량이고, 지하 3층을 포함한 13층 건물의 전체 예상 공사비용은 140억 원가량이었기에 빚 없이 감당하기에는 힘든 상황이었다. 이를 두고 또 한 차례 고민이 이어졌지만 원칙을 지키기로 했다. 지금까지 단 한 번도 교회나 수양관을 건축하거나 증축할 때 헌금을 강요하지 않고 자발적인 헌신으로 감당했기에 채워 주실 것을 믿되, 건축위원장의 조언을 받아 공사 기일을 늦게 잡음으로 보유 재정을 많이 확보해 가면서 공사 기간 역시 넉넉히 잡기로 했다.

그렇게 1999년을 맞이했을 때 상황이 놀랍게 변했다. 1997년, IMF라는 국가 초유의 사태가 발생하면서 국가 경제가 흔들리기 시작했다. 공기업과 사기업을 불문하고 경제적 침체에 빠졌으며, 그동안 우리나라 경제를 일으켰던 건설업 역시 아주 어려운 상황에 처하게 되었다. 건설업 분야는 계약이 이루어짐에 따라 건축 자재와 인력 등을 확보하게 되는데, IMF로 계약 자체가 무효가 되어 버렸으니 업계 전체가 하루하루 비용을 소모하며 힘든 상황을 맞게 된 것이다.

"목사님, 교육관 공사를 대기업에 맡겨 보시죠?"

"네? 아니 대기업이 교회 공사를 맡겠습니까?"

"예전 같으면 말도 안 되는 일이지만 지금은 상황이 완전히 바뀌었습니다. 어떤 일을 맡느냐가 아니라, 일단 일을 맡는 게 중요한 시점이 됐습니다. 누군가에게는 위기지만 우리에게는 기회가 될 수 있으니 몇 개 건설 회사에 의뢰해 보고 견적도 받아 보겠습니다."

그길로 여의도침례교회의 교육관 공사 계획서를 국내 굴지의 건설 회사 다섯 군데에 넣었다. 평소 같으면 검토도 안 해 볼 공사 규모였지만 실상은 달랐다. 모두 공사를 수주하기 원했고, 그 결과 가장 가격이 괜찮은 LG건설이 교육관 공사를 맡게 되었다. 그들이 제시한 견적 비용은 처음에 뽑았던 140억 원의 절반가량이었다. 나라의 어려운 상황이 교회를 짓는 데 덕이 되게 사용되는 현장을 모두가 또 한 번 목격한 셈이다. 대기업이 건축에 뛰어드니 공사는 빈틈없이 원활하게 진행되었고, 담임목사의 첫 번째이자 마지막 지시인 '성경을 제대로 공부할 수 있도록 공간을 꾸미는 것'을 넘어 10층의 멋진 교육관이 완성되었다.

본당보다 더 세련되고 효율적인 교육관은 각 층마다 사용 목적과 사용할 세대의 눈높이에 맞춰졌다. 1층은 모임의 장소인 '만남의 광장', 2층은 80년부터 운영해 온 유치원을 이곳으로 옮겨 와 유치원과 유아원을 운영하는 교회를 넘어 한국 기독교의 미래를 교육하는 장소로 쓰임 받게 했다. 3층에는 최첨단 음향 시설과 멀티미디어 시설을 갖춘 시청각실을 꾸며 밀레니엄 시대를 맞아 현대적인 예배로 드려질 수 있도록 시스템을 갖추었다. 특히 3층에는 글로리아홀을 마련해서 열린 예배와 세미나, 성도들을 위한 다양한 콘서트와 영화 상영 등이 열리는 문화 공간으로 사용하도록 했다. 4층은 도서실, 회의실, 휴게실 등으로 꾸몄고, 5층부터 9층까지는 본격적으로 성경 공부를 할 수

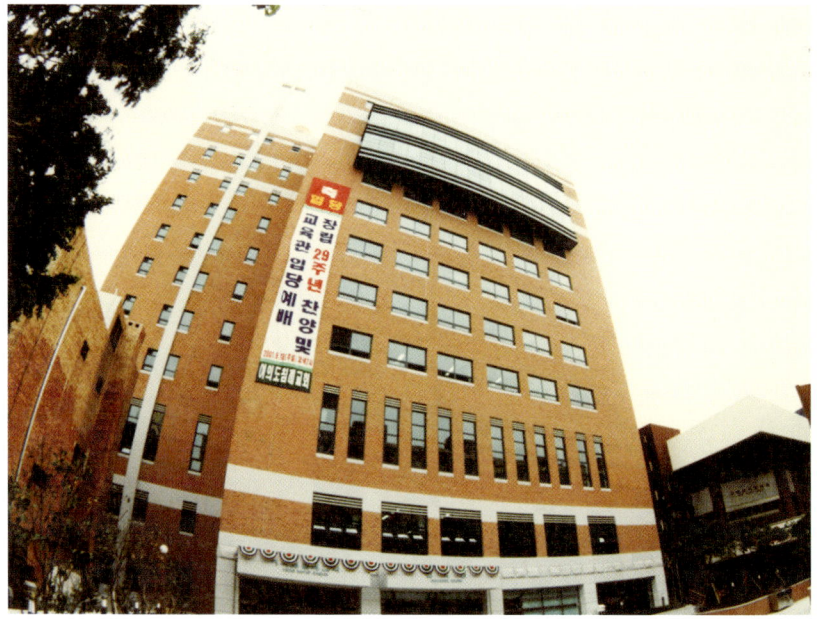

교육관 완공(2001년)

있는 공간으로 마련했다. 소그룹 중심으로 모일 수 있는 100개의 방과 작은 규모의 세미나를 할 수 있는 홀로 구성해서 주일학교 학생뿐 아니라 장년 성도까지 성경 공부를 통해 제자의 삶을 배우고 교류할 수 있도록 했다. 마지막으로 10층에는 성도들의 체력 단련과 각종 행사를 진행할 수 있는 체육관을 꾸며, 다른 교회로서는 시도조차 하지 못한, 상상하지 못할 교육관을 완성했다.

남다른 혜안과 차별화된 방향으로 앞서간 여의도침례교회 교육관이 새천년과 함께 들어섰을 때, 성도들은 모두 감동의 시선으로 바라보았다. 정직하게 지어진 건물, 하나님의 영광을 위해 교육하는 곳으로 쓰겠다고 작정하고 기도하며 지은 교육관이 교회 본당 옆에 세워진 감격은 무엇으로도 표현할 수 없었다. 지하 3층, 지상 10층, 본 성전보다 위용 있게 들어선 교육관은 그 자체로 여의도침례교회가 어떻게 세워지고 무엇을 향해 가고 있는 교회인지에 대한 정체성을 드러냈다.

"목사님, 이제는 더 이상 집사님 댁에서 공부 안 해도 돼요?"
"성경 공부방이 따로 생겨서 너무 좋아요."

주일학교 아이부터 청년, 장년 성도들에 이르기까지 새롭게 우뚝선 교육관 구석구석을 살펴보며 교회에 부어 주신 하나님의 은혜와 축복에 감사했다. 과연 이사야 말씀처럼, 장막 터를 넓히고 처소의 휘장을 아끼지 않고 널리 펼쳐 서 있는 곳을 견고히 할 때 황폐한 성읍이 사람 살 곳이 되게 하시겠다는 약속의 말씀이 교회에 임하는 듯했다.

2001년, 교육관이 세워지며 여의도침례교회는 또 한 번 비상을 꿈꾸었다. 이는 하나님이 교회에 주시는 꿈이고, 선물이었다. 30년간 여의도침례교회의 건축을 담당해 온 원로장로의 고백이 이를 뒷받침한다.

> 지금까지 세 번의 건축위원장을 맡으면서 느낀 점은 하나예요. 지금까지 우리 교회가 이루어 온 역사를 보면, 정말로 하나님이 하셨기에 가능했던 일이라는 사실입니다. 절대 사람으로서는 할 수 없는 일들이 곳곳에서 일어났어요. 아무리 이 분야에 경험이 많은 전문가라 해도 불가능한 일인데, 하나님은 곳곳마다 적절하게 사람을 사용하고 환경을 이용하셔서 일이 되게끔 하셨습니다. 세상의 법과 지식을 뛰어넘어 행하고 이루시는 하나님의 권능의 역사를 체험하는 은혜를 주셨습니다. 모든 과정을 지켜보면서 인간적인 상식과 생각이 얼마나 하나님의 뜻과 다를 수 있는지 그리고 우리가 하나님 앞에서 얼마나 미련하고 어리석은 존재인지를 깨닫게 하셨지요. 또한 하나님께서 우리 여의도침례교회를 정말 사랑하시는구나, 사용하시는구나 하는 것을 느낄 수 있었고, 그것이 은혜와 감동이 되어 끝까지 충성되게 일을 감당할 수 있었던 것 같습니다. 일하는 동안 갈등은 있었지만 결코 시험에 들게 하지는 않으셨거든요. 아마 건축뿐만 아니라 교회의 각 분야에 헌신하는 모든 이들도 같은 마음일 거라 생각합니다. 하나님이 성령을 주셔서 믿음이 불꽃처럼 일어나게 하시고, 일할 수 있는 열정을 주셨다고 믿습니다. 지나고 보니 얼마나 큰 은혜 속에 살았는지 그저 감사할 뿐입니다.[16]

---

16  박근재 장로(본당[1975년], 수양관[1989년], 교육관[1999년] 건축위원장) 인터뷰.

## ■ 구역에서 양무리로의 전환

처음에 구역장 임명을 받았을 때 그 책임이 얼마나 벅차고 겁이 났는지, 무엇보다 사람들 앞에서 기도를 해야 한다는 것이 부담스러워서 고민을 하다못해 식욕을 잃고 얼굴이 점점 파리해진 사람도 있었습니다. 때로는 구역예배에서 기도가 막혀 울어버린 사람도 있었고 기도를 하다가 끙끙거리면서 '그런데 그런데'를 연발하는 바람에 구역 식구들이 웃음이 터진 일도 있었어요. 하지만 그런 과정을 거쳐서 우리 모두가 단련되고 성장하고 구역도 교회도 성장해 갔던 것 같습니다. 구역 식구들은 구역예배에 나가는 것을 좋아하고 기다렸고 구역장들은 소명감을 가지고 최선을 다해 구역 식구들을 섬겼습니다.

구역활동을 하면서 제일 좋은 건 식구들과 함께 좋은 일 궂은 일 함께 하며 신앙이 성장했다는 겁니다. 새로 이사 온 가정에는 꽃을, 아기를 낳은 가정엔 달걀을 사가지고 가며 축하해주고, 특히 떡을 떼며 언제나 교제하며 비밀 없이 지냈어요. 궂은일에도 함께였습니다. 식구들 중에 환자가 생기면 하루에도 몇 번씩 찾아가서 찬송으로 말씀으로 기도로 위로했습니다. 그러다가 세상 떠나는 사람이 생기면 그가 마지막 숨을 거두는 순간까지 찬송으로 기도로 함께하며 하늘나라로 전송했습니다. 그렇게 구역활동을 이어왔고 지금에 이르렀습니다. 생각해보면 구역은 작은 교회와도 같아서 작은 공동체 속에서 하나님이 참 많은 것을 깨닫게 하시는 것 같아요. 성도간의 진실한 교제와 나눔을 통해 천국을 경험하라는, 또 하나의 선물이라는 생각이 듭니다.

교회가 창립되고 얼마 안 되었을 때 구역장으로 임명받아 헌신했던 집사의 간증이다. 여의도침례교회는 창립 이래 구역 활동을 성경 공부와 함께 중요하게 여겼다. 성경 공부가 성경에 대한 말씀 공부에 치중한 것이라면, 구역 활동은 돌봄이다. 구역은 작은 교회와 같기에 작은 공동체를 이루어 예배하고 말씀을 나누고 기도하되, 각 가정의 상황을 듣고 어려움을 나눔으로 교제가 이루어지는 커뮤니티가 되었다.

처음에 시작한 구역은 미약했다. 성도라고 해야 십여 명에 불과했기에 구역을 나누기도 애매한 상황에서 차츰 전도가 되면서 시범 아파트 단지에 사는 성도들을 두 개의 구역으로 나누어 구역 활동을 시작했다. 한기만 목사가 두 구역의 구역 예배를 혼자 인도했고, 이후 부임한 전도사가 동역을 했다. 성도가 증가함에 따라 구역도 증가하기 시작했는데, 창립 5주년인 1977년에는 8개 구역으로, 창립 10주년인 1982년에는 100개 구역으로 늘어났다. 구역이 늘어남에 따라 교구로 나누어 관리했는데, 1981년에 6개 교구로 나눈 것이 처음이다.

교구가 형성되면서 교회의 전체적인 시스템도 바뀌었다. 그전까지는 교회 차원에서 성경 공부를 주도했다면, 교구가 나뉜 뒤부터는 교구장이 성도들의 성경 공부를 이끌었다. 다만 남성 성도들은 1991년까지 담임목사와 함께 성경 공부를 하다가 이후 교구 담당 목사가 교구 형편에 맞게 성경 공부 반을 운영했다.

구역 활동을 통해 성도의 교제와 함께 성경 공부를 진행한 것은 평신도 지도자를 세워 그리스도의 제자로서 세상에서의 사명을 감당하게 하기 위함이었다. 그동안 여의도침례교회로서는 전도 훈련, 구역장 교육, 경건 학교, YTD 등 평신도 지도자를 양성하기 위한 다양한 교육이 진행되고 있었지만, 1990년대 중반부터 교회의 발전을 위해 보다 새로운 시도가 있어야겠다는 생각이 모이기 시작했다. 이는 한국 교계에 전반적으로 불어온 변화의 바람과 함께 교회 차원에서도 본격적으로 의논하고 고민하게 된 문제였다.

어떤 형태로의 변화가 필요한가를 고민하던 중 가정 교회 사역을 중심으로 부흥하고 있는 중앙아시아에서 본을 얻고자, 가정 교회와 셀 모임 등에 대해 집중적으로 연구하고 검토했다. 목회자들을 미국의 셀 그룹과 가정 교회 중심의 교회로 파견해서 연구할 기회를 가졌고, 1998년 여름에는 미국의 휴스턴 서울침례교회의 최영기 목사를 초빙해서 가정 교회를 통한 부흥의 간증을 성도들에게 나누었다. 그는 건물이 아닌 공동체를 꿈꾸고, 프로그램이 아닌 말씀에 의지해 함께 모여 떡을 떼고 삶과 함께 말씀을 나누는 가정과 같은 교회, 신약에 나오는 교회는 모두 가정 교회의 형태를 띠고 있음을 보여 주며, 실제로 휴스턴 서울침례교회에서 23개로 시작한 가정 교회가 해마다 숫자를 더해 가는 은혜를 체험하고 있음을 나누어 주었다.

"목사님, 한 구역, 한 구역이 가정 교회처럼 세워지면 얼마나 좋을까요?"

구역 모임에 은혜가 식지 않고 사랑이 더해 가기를 소망하는 성도들의 바람과 교회의 고민이 이어진 결과, 2001년 여의도침례교회는 구역 조직을 '양무리'로 전환하기로 했다. 예수님께서 양 떼를 돌보심과 같이 목자들이 맡겨진 양 떼를 기도로 중보하고, 그룹 모임을 통해 함께 신앙을 나누는 등의 구역 조직으로 변화를 준 것이다. 기존의 구역과 비교할 때 큰 차이를 두었다기보다, 구역원이라는 건조한 명칭을 돌보아야 할 대상이라는 성경적 단어인 양무리를 사용함으로써 성도를 조금 더 친밀하게 보살피고 관계를 맺도록 한 것이다.

구역장은 목자라는 명칭으로 불리면서 양무리를 섬기는 자로 바뀌었는데, 단순한 명칭의 변화로 끝나지 않기 위해 이미 2000년 여름에 모든 구역장들이 목자 대학에서 3차에 걸쳐 특별 교육을 받았으며, 목자로서의 자질론, 모델론, 리더십론, 소명론 등을 교육받았다. 그 결과 2001년 2월, 남성 목자 21명, 여성 목자 124명이 목자 안수와 함께 목자 임명을 받아 새롭게 여의도침례교회의 양무리를 이끌게 되었다.

2001년, 양무리로의 전환과 함께 소그룹 활동은 더욱 활기를 띠었다. 양무리라는 단어의 생경함도 있었지만, 성도들은 그룹의 리더인 목자의 지도하에 그동안 지속적으로 가졌던 소모임 활동에 더욱 열심을 내었다. 교회가 커짐에 따라 성도 개개인의 목소리에 귀를 기울이지 못했던 현실을 양무리 활동을 통해 듣게 되며 오늘에 이르고 있다.

## ■ 주는 교회가 복되다

수십 년 전으로 거슬러 올라가 서른 중반의 한기만 목사는 미국 침례교단의 초청을 받고 남침례교 국내선교회, 국제선교회, 침례교단의 교회와 기관 등을 방문하며 하나님의 복을 받고 있는 미국을 경험했다. 당시 한국인의 시선으로 보기에 그들이 누리는 복이 너무 부러웠고, 그 저변에 신실하신 하나님을 따르고 예배하는 미국인의 신앙이 흐르고 있음에 큰 도전을 받았다. 일정을 마치고 숙소로 돌아온 그는 동행한 백철기 목사와 무릎을 꿇고 하나님께 예배하며 기도했다.

"주님, 우리나라도 하나님의 복을 받아 베풀 수 있는 나라가 되게 하옵소서. 부족한 종들이지만 열심히 복음을 전하며 하나님의 일을 하겠습니다."

부럽기도 하고 도전이 되기도 한 미국으로의 첫 여정은 주의 종들에게 땅끝까지 주의 증인 된 삶을 사는 선교의 불꽃을 심어 주었다. 한국에도 해외선교회와 국내선교회가 세워지도록 기도했던 것이 씨앗이 되어 기독교한국침례회에 국내선교회와 해외선교회가 세워진 것이다. 이후 한기만 목사는 해외선교회 이사장으로, 백철기 목사는 국내선교회 회장으로 섬기며 복음이 땅끝까지 증거되는 사역을 위해 헌신했다. 섬기는 곳이 다르다고 해서 헌신에 차이를 둔 것은 아니다.

선교는 주님의 지상 명령으로서 구제와 함께 교회의 대 임무 중 하나이기에, 한기만 목사는 여의도침례교회 성도들과 함께 국내 사역에도 아낌없이 지원하려 노력했다. 이는 1984년 11월 18일, 안수 집사회에서 추수감사절 예배에서 드려진 감사 헌금 전액을 개척 교회를 위해 사용하기로 결정하면서 구체적으로 진행되었다. 이미 후원하고 있는 개척 교회에 지원금을 보내는 동시에, 기독교한국침례회 국내선교회를 통한 지원 체계를 마련해서 여전히 침례교회가 세워지지 않은 지역에 침례교회를 세우는 일과 자립하지 못하는 교회를 돕는 데 쓰였다. 이와 함께 국내선교회를 통해 개척 교회 스무 군데를 선정해 매월 자립 지원금 보조, 군인 교회를 선정해 매월 지원, 이 외에도 그때그때 지원이 필요한 곳에 재정을 헌신했다.

교회 창립 20주년을 기념해서 강원도 화천에 있는 군부대에 용진교회 건축을 위한 지원금을 전달하며 성도들이 헌당 예배에 참석해서 자리를 빛내기도 했고, 국내선교회에서 지원하는 것 외에 교회를 설립하는 데 특별한 도움이 필요한 제주침례교회 건축과 서귀포침례교회 건축을 위해 지원하기도 했다.

국내 선교를 위해 여의도침례교회와 한기만 목사는 국내선교회에서 전국에 개척교회가 세워지도록 기도하며 추수감사 헌금 전액을 교회에서 사용치 않고 국내선교회에 보내주었습니다. 침례교회가 없는 전국 읍과 시 지역에 개척교회가 세워지는 데 앞장서 줌으로 많은 교회들이 '우리 교회도 여의도침례교회처럼 개척 교회를 세우자'는 운동이 일어나게 되었어요. 한 교회가 할 수 없다면 지방회 단위로도 개척 교회를 세우자며 적극적으로 힘을 다했지요. 이 시기에 여의도침례교회가 지원해 세워진 교회가 안동침례교회를 비롯해 나주침례교회 등 많은 교회가 있습니다.[17]

이러한 국내 선교를 위한 여의도침례교회의 헌신은 2000년대에도

---

[17] 《오직 한 길》, '내가 기억하는 한기만 목사'(백철기), 152-154.

꾸준히 이어졌다. 국내선교회를 통해 개척을 후원한 것 외에도 개척 교회를 위해 대지 건축 기금을 꾸준히 지원했으며, 매달 일정 금액을 후원했다. 특별히 사역을 감당하고 있는 목회자들을 위한 선교의 일환으로 그들의 영적 성숙을 위한 다양한 프로그램을 마련해서 좀 더 열정적으로 목회 활동을 할 수 있도록 했다. 개척 교회를 후원하는 것에서 그치지 않고, 농어촌에서 어렵게 목회하는 교역자들을 위해 수양회를 열어 재충전의 시간을 갖게 하거나 개척 교회 목회자를 위한 세미나를 개최하는 등, 또 다른 방향의 국내 선교의 지평을 열었다.

교회뿐만 아니라 기독교 기관에 대한 지원의 폭도 넓혀 선교의 지경을 넓혔는데, 지방 선교회뿐 아니라 어린이전도협회를 비롯한 다양한 구호 기관에 일정 금액 지원을 실천했다. 사람에 대한 후원도 아끼지 않아, 가정환경이 힘든 소년소녀가정이나 몸이 불편한 장애인, 교역자 미망인을 비롯한 현장 사역에서 은퇴한 교역자에 대한 생활 지원 등 자칫 신경 쓰기 어려운 부분까지도 찾아내어 선교의 폭을 넓혀 나갔다.

이렇듯 여의도침례교회는 해를 거듭하며 '주는 것이 복되다'는 말씀을 실천해, 그를 통해 얻는 기쁨과 은혜를 나누어 주는 교회로서 축복을 누리며 나아갔다.

## ■ 해외 선교를 통해 맺은 열매

하나님의 인도로 고려인들과 만나면서 하나님께서 왜 그들을 만나게 하셨을까 의문을 가지게 되었어요. 그러다 선교사 파송에 대한 비전을 가지게 되었고, 해외선교회에서 최초로 김동성, 주 바나바 선교사를 알마티로 파송하면서 중앙아시아 선교를 계속 지원하게 되었어요.
알마티에 선교사를 파송한 이듬해에 알마티로 가서 전도 대회를 열었는데, 그야말로 인산인해를 이루며 성령의 강한 역사를 보게 되었고, 그 땅을 바라보며 '선교의 문이 이제 열렸으니 빨리 예배당을 지어 그 땅의 모든 영혼을 구원하게 해 주십사' 기도드렸습니다. 선교헌금을 보냈지만 현지에서 착오가 생겨 계속 미뤄지다가 다시 30만 불을 보내 착공하게 되었고, 2001년에 예배당을 짓게 되었습니다. 알마티중앙교회는 놀랍게 부흥했고, 무엇보다 현지인 사역자를 세우는 전초 기지로서의 사역을 감당하며 중앙아시아 선교의 본이 되고 있습니다. 현지인에게 복음이 전해지고, 교회가 세워지고, 현지 사역자가 다시 파송되는 역사는 복음이 지닌 위력입니다. 이 일에 하나님께서 우리 여의도침례교회 성도들의 마음을 감동시킴으로 자발적으로 헌신하게 하셨기에 이 기쁜 사역을 계속할 수밖에 없습니다.[18]

한 매체와의 인터뷰 내용처럼, 여의도침례교회는 담임목사의 해외 선교에 대한 강한 의지와 함께 해를 거듭할수록 선교의 열매를 맺어

---

[18] <여의도침례교회 30년사>에 수록된 한기만 목사의 해외선교회 관련 인터뷰 내용 중 발췌.

갔다. '하나님이 보여 주신 한 지역을 선택하고 그곳에 집중하는 순종의 선교'라는 차별성을 지닌 여의도침례교회의 해외 선교였기에, 담임목사에게 하나님이 주신 말씀을 성도 모두가 순종하며 나아갔다. 이는 정책 프로그램이 아닌 하나님의 말씀대로 한 선교였기에, 가장 한국적이면서도 가장 여의도침례교회적인 모습이라 하겠다.

1990년대에 들어 본격적으로 중앙아시아를 향한 선택과 집중의 선교가 진행되면서 여의도침례교회는 현지의 미자립 교회를 지속적으로 지원하며 도왔다. 교회를 개척할 때 개척 지원 자금을 보내는가 하면, 그 외에 필요한 재정적인 후원뿐만 아니라 현지 사역자들을 위한 순회 교육을 통해 그들의 영성 훈련을 도왔다. 그때그때 현지인들을 한국으로 초청해서 훈련 프로그램을 진행해 재충전할 시간을 주기도 하고, 성도들과 선교지를 방문해서 전도 대회를 열거나 수양회를 진행하는 등 한국과의 끊임없는 교류 속에서 함께 선교하고 있음을 느끼게 했다.

특징적인 점이라면, 교회에서 선교사를 파송하는 형식보다는 현지에서 이미 사역하고 있는 선교사를 허입해서 지원하는 협력 형식의 선교를 띠었다는 점이다. 이는 한기만 목사가 해외선교회 이사장의 위치에 있기에 교단과 교회가 함께 협력한다는 의미이기도 하며, 더 나아가 꼭 파송에 의미를 두는 차원이 아닌 넓은 의미의 선교라 볼 수 있다.

중앙아시아 현지 사역은 많은 열매를 맺어 갔다. 제일 먼저 감사해야 할 부분은 하나님이 기뻐하시는 교회를 세운 일이다. 중앙아시아 선교는 교회 개척을 위해 준비된 선교사들이 현지에 들어가 정착하면서 시작되었기에, 선교사 한 가정이 들어가는 것이 곧 한 교회가 되는 것이었다. 중앙아시아 국가 중 그나마 선교가 용이했던 카자흐스탄에 가장 먼저 세워진 교회가 알마티중앙교회다.

김동성 선교사가 시작한 알마티중앙교회는 고려인을 대상으로 사역을 시작했으나, 다민족 교회를 이루며 복음의 지경이 넓혀졌다. 여의도침례교회는 이 교회가 세워지는 시작부터 2001년에 예배당이 건축된 이후 지금에 이르기까지 아름다운 협력을 이루어 가고 있다. 현지 목회자들이 교리적이고 영적인 면에서 늘 깨어 있어야 한다는 취지에 따라 현지 목회자 세미나를 도왔고, 때로는 한국으로 초청해 목회자를 위한 영성 훈련을 진행하기도 했다.

이 같은 협력이 이어지는 가운데 알마티중앙교회는 17개 지교회를 개척해 활발히 복음 사역을 감당하고 있으며, 알마티중앙교회가 중심이 되어 지교회를 물질적·영적으로 돕는 놀라운 기적을 일으켰다. 뿐만 아니라 중앙아시아 선교의 방향이기도 한 '현지 교회를 세우고 현지인 목회자를 양성해서 사역을 이양하는' 선례를 보여 주었다. 김동성 선교사에 이어 복음을 듣고 목회자로 헌신한 현지인 한 알렉산드르 목사가 담임목사로 세워지며 더욱 지경을 넓혀 갔다.

한기만 목사님이 중앙아시아를 방문하고 한국에 귀국한 후 선교사들을 이곳에 준비시켜 보내셨습니다. 그리고 선교사가 들어온 지 24년 만에 중앙아시아에는 100개의 교회가 세워졌고 7000명의 성도들이 주님을 예배하고 있습니다. 중앙아시아의 여러 지역에 여의도침례교회의 도움으로 예배처가 세워졌고 선교사로부터 현지 사역자들이 세워져 가고 있

살렘교회 예배 모습

습니다. 주께서 중앙아시아에 복음의 도구로 한기만 목사님과 여의도침례교회를 불러주신 것을 진심으로 감사하고 있습니다.[19]

알마티중앙교회뿐만 아니라 살렘교회와 임마누엘교회를 비롯한 다양한 교회 개척 지원에도 여의도침례교회가 함께했다. 주 바나바 선교사가 목회하던 살렘교회는 무슬림 배경의 카작인들이 모인 교회로 그 특수성과 중요성을 인식하여 교회 건축을 도왔다. 김현종 선교사가 목회하던 임마누엘교회는 모이는 장소가 협소해서 넓은 예배당

---

[19] 《오직 한 길》, '카자흐스탄 사랑'(한 알렉산드르), 111.

이 필요한 시점이었다. 국가 강당인 청년회관을 빌려 예배를 드렸지만 국가의 재산이라 국가 행사가 있을 때면 예배가 중단되는 등 어려움이 있었다. 이 같은 실정을 알게 되면서 여의도침례교회가 교회 건축의 한 부분을 감당했다.

외스케멘에 있는 라드닉교회에 대한 후원도 비슷했다. 교회를 담임하던 김홍배 목사 역시 여의도침례교회의 파송 선교사는 아니었지만, 이 교회가 동카자흐스탄의 수도인 외스케멘의 전략적 요충지이며 복음 사역에 중요한 곳이었기에 교회 개척에 필요한 건축 헌금을 후원했다. 중요한 것은 교회가 세워짐으로 놀라운 복음의 역사가 시작된다는 믿음이었다.

실제로 교회가 세워지면서 놀라운 일들이 일어났다. 교회에서 공동체 생활을 하며 복음을 받아들인 현지인은 예수가 선지자가 아닌 하나님의 아들로서 자신의 구원자가 되었음을 확실히 믿었기에 무슬림 사회에서 거침없이 예수를 증거했다. 그로 인해 추방을 당하기도 하고, 방학 때 집으로 돌아갔다가 붙잡혀 교회로 돌아오지 못하기도 했지만, 복음을 막을 수는 없었다. 예수를 믿은 후 방탕한 생활을 끊고 기술을 배워 주님의 자녀 된 삶을 살기 시작한 한 청년으로 인해 그 가정은 물론 청년의 지역 공동체까지 복음을 알고 싶어 했다. 그 결과 공동체의 리더들이 그 지역으로 들어가 복음을 전했고, 훗날 그곳에 교회가 세워지기도 했다.

또 다른 열매라면 팀 사역의 모델을 만들었다는 것이다. 이방인을 위한 최초의 선교사인 바울과 바나바가 안디옥교회의 파송을 받고 이방인 선교를 수행하면서 취했던 선교 전략은 동역자들과의 연합 사역이었다. 파송 교회와 협력 선교사 그리고 부름 받은 자신이 함께 팀을 이루어 사역을 감당하며 많은 이를 주께로 돌아오게 한 것처럼, 팀 사역은 해외 선교에 큰 힘을 발휘한다.

여의도침례교회는 앞서 살펴본 것처럼 꼭 파송에 의미를 두는 것이 아닌, 현지 사역자를 돕고 협력하며 선교를 이어 갔다. 이는 기독교한국침례회 해외선교회와 중앙아시아 총회가 함께 움직이며 긴밀하게 협조했기에 가능한 일이었다. 물론 그 중심에는 한기만 목사가 해외선교회 이사장으로서 교단과 교회를 연결하는 위치에 있었고, 중앙아시아 총회를 구성하는 데에도 제 역할을 했기에 가능한 일이었다. 어쨌든 이러한 협력 관계가 긴밀히 유지되었기에, 현지 사역을 진행함에 있어 일이 지연되거나 중복되는 일 없이 연합할 수 있는 결과를 만들어 갈 수 있었다.

중앙아시아 선교를 통해 맺은 또 하나의 열매는 신학교 사역을 통해 현지 사역자를 세운 것이다. 복음을 전해서 교회를 세우고 그리스도의 제자로 양육된 현지인 지도자들에게 사역을 이양하는 것이 선교사의 최종 목표였기에, 중앙아시아에 현지인 지도자를 양성하는 신학교는 필수 불가결한 것이었다. 이에 몇몇 선교사들이 뜻을 모아 중앙아시아 침례신학교의 기본적인 틀을 잡고 신학 교육을 이어 갔다. 자체 건물도 없이 이곳저곳으로 옮겨 다니는 열악한 상황에서도 목회자로 부르심을 받은 현지인 지도자들은 교육을 받으며 주의 종으로 헌신했다.

이에 여의도침례교회는 신학교에 대한 재정을 지원하며 협력했다. 졸업생이 배출되는 2002년부터 교회를 개척하는 현지 목회자들에게

중앙아시아 침례신학교(2008년)

사역비의 전액을 지원하며, 예배 처소를 마련해 주는 일에도 아낌없이 나섰다. 이는 현지인으로 하여금 현지를 선교하게 하는 것과 자립적인 교회라는 초창기 한국 교회의 신앙 정신을 계승하도록 한 것이다. 이렇듯 신학생들의 보조금, 목회자 생계비 지원의 모든 부분을 여의도침례교회에서 담당함으로 중앙아시아의 현지인 지도자 양성이 오늘날까지 계속되고 있음은 사역의 이양이라는 차원에서 하나님이 허락하신 열매라 할 수 있다.

여의도침례교회에서는 재정 지원뿐만 아니라 목회자들을 위한 연장 교육을 실시해 그들의 영적인 충만을 도왔다. 이는 2001년부터 시작된 것으로, 열악한 환경에서 헌신하는 현지 지도자들에게 영적 공급은 물론 목회 현장의 필요를 채우는 전문적인 교육을 제공한 것이다. 이 세미나를 통해 카자흐스탄, 우즈베키스탄, 키르기스스탄 등에서 현지 목회자들이 한국을 방문해서 세미나와 콘퍼런스 등을 통해 재충전의 기회를 얻고 있으며, 때로는 여의도침례교회 성도들이 현지로 가서 TD를 실시하는 등 영적인 교류를 활발히 했다. 실제로 카자흐스탄의 언어와 찬양으로 현지 영성 훈련을 진행하면서 현지인들의 눈물의 회심과 복음을 향한 열정을 재확인할 수 있었고, 그것이 여의도침례교회 성도들에게는 신앙의 도전이 되는 등 해외 선교를 통해 맺어진 열매는 성도들의 믿음을 더욱 견고히 해 주었다.

여의도침례교회의 해외 선교는 중앙아시아를 향한 선택과 집중에 있었지만, 복음을 필요로 하는 다른 열방에도 관심을 두었다. 그중에서도 중국을 빼놓을 수 없다. 중앙아시아와 교류의 물꼬가 트이고 얼마 후, 1992년 중국과 한국이 수교를 맺었다. 이에 한기만 목사는 중국을 방문해서 중국 사역의 기초를 마련했다. 한기만 목사는 이듬해인 1993년에 그리스도인 중국 교포 110명을 한국으로 초청해서 수양회를 열고 함께 예배하며 그들을 위로했다. 성도들과 함께한 예배를 통해 그들 중 많은 이들이 예수를 개인의 구주로 영접하고 침례를 받는 역사가 이루어졌다. 이후 2007년, 중국 연길의 신풍교회를 지원하게 되면서 중국을 향한 선교도 한 단계 더 활발히 나아갈 수 있게 되었다.

또한 여의도침례교회에서 1호로 파송한 하호성 선교사의 인도네시아 사역, 영국의 수도인 런던에 침례교회를 세워 한국 유학생과 교민들의 영적인 부흥을 담당하고 있는 임헌삼 선교사의 사역, 독일의 수도인 베를린에서 복음 사역을 하고 있는 베를린침례교회, 일본에서 한국 교회 및 일본인들의 영혼 구원을 위해 힘쓰고 있는 오사카중앙교회, 중국 한인들을 위한 청도열방교회 등을 지속적으로 지원하며 열방을 향해 복음의 빛을 전했다.

  1990년에 본격적으로 시작한 여의도침례교회의 해외 선교는 성도들의 자발적 헌신과 복음을 향한 강력한 열정으로 그 땅을 단단히 굳혀 갔다. 이를 위해 교회 재정도 아낌없이 쓰였는데, 해외 선교 10년 차를 넘긴 2001년까지 사용된 재정이 이미 10억 원을 넘어섰으며, 2000년대 이후부터는 교회 재정의 4분의 1이 국내외 선교에 사용될 정도로 땅끝까지 복음의 증인이 되는 일에 헌신하고 있다.

중앙아시아 리더십 콘퍼런스(2018년)

# 4
# 다시, 개혁의 시대를 열며

## ■ 사역 2기를 준비하는 여의도침례교회

2011년, 독일 베를린 지교회의 전화벨이 울렸다. 본교회에서 걸려온 전화였다.

"국 목사님, 한국으로 들어오셔야겠습니다."

본교회로부터 부름을 받은 이는 독일 베를린침례교회의 담임으로 사역하고 있던 국명호 목사였다. 내용인즉, 1대 담임목사로 사역 중인 한기만 목사의 사역이 마무리 지어지는 시점에서 갑작스런 병환으로 서둘러 2대 담임목사에 대한 후보 추천이 이루어졌고, 6명의 후보자 중에서 국명호 목사가 최종적으로 2대 담임목사로 추대되었다는 것이다.

침례교단은 노회나 총회 등으로부터 제한을 받지 않는 개교회 중심적인 교단이기에 교회는 독립적으로 존재한다. 또한 모든 교인을 제사장으로서 존중해서, 교회의 제직을 세우거나 중요한 일을 결정할 때는 회중의 의견을 전적으로 따른다. 이런 까닭에 침례교단에서 목

담임목사 투표 제직회(2011년)

담임목사 취임 예배(2013년)

사나 제직을 세울 때는 성도를 대표하는 실행위원회를 거쳐 후보를 선정하고 전체 제직의 투표로 의견을 묻고 난 뒤, 최종적으로 사무처리회에서의 찬반 투표로 인준을 결정한다.

국명호 목사 역시 그 과정을 거쳤다. 2011년 10월 1일, 실행위원회에서 담임목사 추천 후보 6명에 대한 투표를 실시해서 정확히 2/3의 66.7퍼센트의 득표를 받았고, 제직회 인준 투표 결과 83퍼센트의 찬성을 얻었다. 그 후 10월 16일, 전교인을 대상으로 하는 사무처리회의 인준 투표 결과 90퍼센트의 찬성을 얻어 2대 담임목사로 지명되었다.

후임 담임목사님을 세우는 과정이 원로목사님의 병환으로 인해 신속히 이루어졌습니다. 그렇지만 평소 원로목사님이 후임 목사에 관한 지속적인 기도와 목자상을 그리고 계셨기에, 후보를 추천하는 과정에서도 성도들의 마음이 어느 정도 모아질 수 있었습니다. 무엇보다 여의도침례교회가 지닌 품격과 위상에 맞도록 후임 목사를 세워야 한다는 거룩한 소망이 있었기에 하나님께서 가장 기뻐하시는 방법으로 일을 진행했습니다. 침례교단의 본질적인 신앙 철학에 입각하여 여의도침례교회를 가장 잘 알고 그간의 목회 철학을 계승하되, 모든 성도를 인격적으로 품을 수 있는 분이 선출되도록 간절히 기도했고, 다른 교회의 본이 될 수 있도록 원리 원칙에 의해 가장 정직하고 공평한 방법으로 2대 담임목사님 선출 과정을 진행했습니다. 성도 모두가 하나님 편에 서서 결정할 것을 결의했고, 결과적으로 모두가 원하고 바라는 분을 하나님이 선택하셨다고 생각합니다.[20]

---

[20] 김성수 장로(2011년 2대 담임목사 인준 절차 시 장로 회장) 인터뷰.

멀리 독일에서 이 소식을 접한 국명호 목사는 그 자리에 무릎을 꿇었다. 잊힌 사람을 담임목사 후보로 추천한 것을 넘어 다시 본교회로 부르신 하나님의 역사와 성도들의 사랑에 감격의 눈물이 흘렸고, 동시에 책임감이 밀려왔다.

'주님, 부족하고 부족한 종이라 두렵고 떨립니다. 하지만 주님 뜻에 순종하며 가겠습니다. 무엇보다 겸손한 종이 될 수 있도록 도와주옵소서.'

서둘러 서울행을 준비하면서도 마음 한편이 무거웠다. 그도 그럴 것이, 1년 전에 자원해서 파송된 베를린 지교회에서 겪은 여러 고난과 시험이 이제 막 해결의 실마리를 찾고 있는 시점이었기 때문이다.

베를린침례교회가 여의도침례교회의 지교회가 된 것은 교회 구입 자금을 지원해 주면서다. 1997년 당시 이미 파송되어 사역을 하고 있던 선교사가 교회를 구입하는 과정에서 재정적인 어려움을 겪게 되어 한기만 목사에게 도움을 요청해 왔다. 결국 모든 비용을 100퍼센트 지원하고 지교회 관계를 맺었다. 지교회라고 해서 본교회로부터 받는 제약은 없었다. 다만, 앞으로 목회자의 인사권에 대해 서로 협의한다는 약속만 맺었다.

이 약속에 따라 베를린침례교회의 선교사가 은퇴하는 시점에 맞춰 국명호 목사가 파송되었다. 그런데 국 목사 가족이 독일에 도착한 첫날부터 갈등과 오해가 시작되었다. 지교회 성도들에게 본교회에서 파송된 목사가 온다는 사실을 알리지 않아, 마치 전임 사역자를 쫓아낸 사람으로 오해를 받게 한 것이다.

이렇게 첫날부터 반겨 주지 않는 분위기 속에서 교회의 상황을 파악하다 보니 더 큰 문제가 있었다. 교회를 구입할 때 본교회 앞으로 등기를 했다는 것으로 알고 있었으나 한국에서 알고 있던 것과는 전혀 다른 상황이 펼쳐지고 있는데다, 심지어 교회가 연체하고 있는 세금도 엄청난 금액이었다. 결국 본교회에 감사를 요청해서 잘못된 상황을 바로잡기로 했는데, 그 과정에서도 전임 사역자와 관련된 인물들의 노골적인 방해가 이루어졌다. 이런 복잡하고 어려운 상황 속에서 망망대해에 서 있는 심정이었던 국 목사는 베를린침례교회의 회복을 위해 기도하고 또 기도했다.

선하신 하나님은 은혜로 역사하셨다. 적은 인원의 예비된 성도들과 똘똘 뭉쳐 베를린 지교회가 회생할 수 있는 길을 열어 가게 하셨다. 1년여 시간 동안 뼈를 깎는 심정으로 노력한 결과, 교회 등기와 건물에 연체된 빚 문제로 어려움이 생길 것을 대비해 교회를 법적으로 다시 등록했고, 교회의 리모델링 공사까지 마칠 수 있었다.

하지만 1년이라는 시간은 교회가 쇄신하기에는 부족한 시간이었다. 이제 막 상한 부분을 도려 낸 시점인데 갑작스러운 부름으로 한국에 돌아가게 되었으니 지교회 담임목사로서 심정이 무거운 것은 당연한지도 모른다.

지금도 생각하면 베를린침례교회 성도들에게 죄송한 마음이 듭니다. 그때 제가 베를린에 1년만 더 있었더라면 교회가 안정적으로 되었을 테고, 후임으로 간 목회자가 또다시 교회를 어렵게 하지 않았을 텐데 말입니다. 그래도 다행인 것은, 지금이라도 베를린 지교회의 근본적인 문제가 하나하나 해결되어 가고 있으니 감사할 따름입니다. 저에게 있어 베를린 지교회에서의 사역은 1년이라는 짧은 시간이었지만, 처음으로 담임한 뜻 깊은 교회였고, 목회자 한 사람의 중요성에 대해 깨닫게 해 준 시간이었습니다. 하나님 앞에 진실하고 성실한 사역자를 세우고 보내야 한다는 것과 삯꾼과 충성된 일꾼을 잘 분별하고 주의 종으로서 결코 자신의 유익을 구하지 않아야 함을 체험을 통해 알게 되었습니다. 아마도 본교회 사역을 맡기시기 전에 연단을 통해 깨달음과 배움을 허락하신 주님의 은혜였음을 고백하지 않을 수 없습니다.[21]

부르심에는 합당한 뜻이 있을 것이기에, 2011년 10월 23일, 여의도침례교회의 후임 담임목사로 사무처리회의 인준을 받은 뒤 국명호 목사는 한국으로 돌아왔다. 교회 창립 40년차를 맞이하는 시점에 2대 담임목사가 인준되는 과정은 은혜로웠다. 사도 바울과 디모데가 만나 사도 바울이 빛나고 디모데가 폭발적 성장을 하며 훗날 풍성한 사역을 이루었던 것처럼, 여의도침례교회는 한기만 목사와 국명호 후임 목사의 아름다운 연합으로 사역의 계승이 순탄하게 진행되었다. 원로목사로 추대된 한기만 목사는 성도들에게 후임으로 선정된 담임목사를 향한 아낌없는 기도와 순종을 부탁했고, 새로운 담임목사로 임명된 국명호 목사는 지난 40년간 교회를 섬겨 온 원로목사에 대한 존대와 함께 겸손과 사랑으로 교회를 섬길 것을 약속했다.

---

21 국명호 목사 인터뷰.

## ■ 달려갈 길을 마친 주의 종 한기만 목사, 하늘의 부르심을 받다

"자네는 비전이 뭔가?"

"솔직하게 말씀드리자면 유학 가서 계속 공부하는 것입니다."

사역자를 면담하는 자리에서 나올 법한 대답은 아니었다. 어찌 보면 상황 파악을 제대로 못 한 철없는 답변이었음에도, 교회에서 필요한 사역자를 찾고 있던 한기만 목사는 주의 종으로 헌신한 전도사를 받아 주었다.

2대 담임목사가 된 국명호 목사와 한기만 목사의 첫 만남이다. 이렇게 1996년, 담임목사와 부교역자로 인연을 맺게 된 후 여의도침례교회에서 많은 일을 함께 하며 하나님이 교회에 맡기신 사명을 위해 뛰었다. 그런데 놀랍게도 유학 가서 공부하고 싶다던 그의 바람은 8년 뒤에 실현되었다. 그동안 포기하지 않고 계속 공부하기를 기도하고 있던 국명호 목사에게 캐나다로의 유학 기회가 찾아왔고, 한기만 목사는 교회를 사임하고 떠나려는 그를 만류하며 미국 남침례신학대학교(The Southern Baptist Theological Seminary)에서 목회학 박사(D.Min.) 과정을 마칠 수 있도록 배려했다.

목회학 박사를 받고 2007년 여의도침례교회로 돌아와 사역하게 된 국명호 목사는 그동안 본교회에서의 다양한 분야의 사역을 바탕으로 2011년 독일 베를린 지교회에 담임목사로 지원해서 나갔다. 그리고 1년 뒤 2대 담임목사로 인준을 받고 다시 여의도에서 만나게 되었다.

2012년을 지나면서 한기만 목사의 건강은 눈에 띄게 약해졌다. 그 와중에도 두 목사는 매주 만나서 교회가 나아가야 할 방향에 대해 의

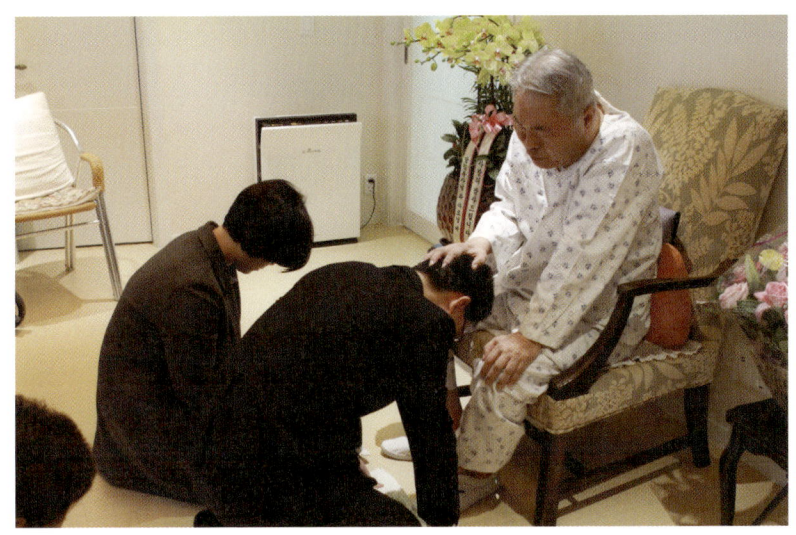
한기만 원로목사로부터 안수를 받는 국명호 담임목사(2013년)

논하며 사역의 아름다운 이양이 이루어지도록 준비했다.

2013년은 2대 담임목사의 취임과 함께 한기만 목사의 원로목사 추대식이 있었다. 교회 창립 40주년을 맞는 시점에 사역의 이양이 이루어지는 실로 감격스러운 날이었지만, 이미 한기만 목사의 병세가 위중한 상태였기에 자택에서 담임목사 취임 안수를 하게 되었다. 본인의 원로목사로의 추대도 병석에서 맞이하게 되었지만, 이 힘든 상황에서도 그는 목회자로서 지켜야 할 본분을 잊지 않았다. 그날 취임식을 위해 자택을 찾은 국명호 목사에게 힘겹게 내뱉은 이야기는 사역자로서의 본분과 사명을 다하라는 당부와 격려였다.

"내가 매일 기도해."

이 한마디가 주는 커다란 힘과 위로에 다들 눈시울이 젖었다. 그가 짧은 호흡 속에서 뱉은 이야기는 기도하고 있다는 말뿐이었다. 40년 성역에서 주의 종이 얼마나 하나님의 뜻대로 살아오려 몸부림쳤는지가 고스란히 전달되는 대목이다.

평소 '나의 나 된 것은 하나님의 은혜'라는 말을 자주 사용하던 한기만 목사는 40년 성역을 마치고 부르심을 앞둔 시점에서도 자신이 감당할 사명만을 생각하며 마지막을 준비했다. 계속되는 건강의 악화로 인해 한기만 목사는 그 후 병석에서 일어나지 못하고 2014년 1월, 하늘의 부르심을 받았다. 그가 교회와 성도에게 남긴 마지막 말이다.

주 예수께 받은 사명, 복음 증언을 위해 살았던 지난 40년을 뒤돌아보니 많은 일들이 영상 필름처럼 지나갑니다. 함께 울고 웃으며 하나님께서 주신 은혜들을 나누었던 지난날의 일들과 순간들을 생각하니 제 가슴이 뜨겁게 되고 코끝이 찡하여 눈가에 이슬이 맺힙니다. 그동안 많은 사랑으로 따스이 품어 주셨던 모든 성도님들께 마음 깊이 감사드립니다. 또 나의 나 된 것은 하나님의 은혜입니다. 이제 남은 저의 한 가지 소원이 더 있다면 주님 부탁하신 제자 삼는 일과 선교와 전도, 성경 가르치는 일을 계속 섬기면서 살아가고 싶습니다. 여의도침례교회 모든 성도님들께 하나님의 은혜가 넘치시기를 기도드립니다.[22]

침례교단뿐만 아니라 한국 교계에 제자 훈련과 해외 선교로 족적을 남기며 천국 부르심을 받은 한기만 목사의 장례식이 치러지던 날, 많은 이들이 그의 천국 가는 길을 환송했다. 부고를 접한 각계의 발걸

---

[22] 《오직 한 길》, '한기만 목사의 전도와 설교 사역'(이명희), 205.

음이 이어졌고, 그동안 한기만 목사가 한국 교계에 많은 영향력을 끼치고 목양과 선교에 충성을 다한 것을 알기에 모두가 그의 죽음을 애도했다.

지구촌교회 이동원 목사는, '좋은 후임 사역자를 세우고 가셨으니 이제 교회 걱정, 가정 걱정 내려놓고 천국의 푸른 초장, 잔잔한 물가에서 편히 샤바트의 기쁨을 누리시고, 여유가 되면 아직 많이 힘들어하는 한국 교회와 침례교단을 위해 중보 기도를 부탁한다' 했으며, 김진홍 목사는, '한기만 목사는 순수하고 순진한 인간미를 지녔고, 한결같이 변하지 않는 사람과의 관계를 맺으며 복음과 선교에 대한 열정이 누구보다 뛰어난 목회자'였다며 너무 이른 이별을 아쉬워했다.

해외 선교지에서도 현지 목회자들이 속속 도착했다. 중앙아시아 선교의 아버지로 불리며 해외 선교에 큰 힘을 보탰던 목회자의 마지막을 환송하기 위해 모든 일을 제쳐 두고 한국에 들어왔다.

한기만 목사님께서 하늘의 부르심을 받았다는 소식을 듣고 하늘이 무너지는 것 같았습니다. 돌이켜 보면 목사님의 소천 소식이 들렸을 때 조문을 가야 한다고 단호하게 결정을 내린 현지인 목회자들이 놀랍기도 하고 새삼 감사하기도 해요. 사실 선교사라는 신분에 여러 허락 절차와 관계를 생각하다 보니 마음만 있지 조문을 직접 가는 것은 생각만 했어요. 그런데 현지인 목회자들의 결정은 빨랐고 단호했습니다. 가족이기에, 영적 아버지이시기에 그분의 마지막을 배웅해 드리는 게 당연하다고 여겼고, 이에 모두 함께 들어와 유가족의 배려 하에 가족의 위치에서 조문객을 맞이하고, 위로를 하고 위로를 받으며 장례를 치렀습니다. 목사님은 중

앙아시아에 이런 자식과 같은 현지인 목회자들과 교회를 세워 놓고 주님 곁으로 가셨습니다.[23]

원로목사의 천국 환송 예배는 수많은 이들의 눈물과 사랑이 어우러진 가운데 진행되었다. 아무래도 40년 전 여의도에 복음의 십자가를 세우고 굳건한 복음의 사자로서 달려온 주의 종을 천국으로 떠나보내는 과정에 가장 서운해 하고 슬퍼한 이들은 여의도침례교회 성도들이었다. 여의도라는 척박한 땅에 교회를 시작할 때부터 함께한 원로 성도부터 2세대 성도에 이르기까지 여의도침례교회와 함께했던, 그리고 함께할 이들이 원로목사의 성역을 추모하고 그와 인간적으로 나눈 추억을 되새겼다.

한기만 원로목사와 오랜 시간 교회의 건축을 비롯한 많은 부분의 일을 했던 원로장로는 '무디 목사와 같이 하나님의 일에만 묵묵히 헌신했던' 한기만 목사의 떠남을 아쉬워했고, 병환 중에도 후임 목사를 세우는 과정을 걱정하며 선임으로서 사명을 다하려 애쓰던 애달픈 사랑을 마음에 새긴 원로도 있었다. 초대 집사로서 열심히 교회를 섬기며 도왔던 한 권사는 젊은 시절 집에서 함께 새벽 성경 공부를 하던 모습, YTD를 위해 헌신하던 모습, 만남의 집 전깃불을 끄고 다니던 모습, 무뚝뚝해 보이지만 여름 단기 선교를 마치고 돌아온 성도들을 위해 얼음물을 준비해 말없이 건네던 모습 등을 떠올리며 눈물지었다.

---

**23** 《오직 한 길》, '중앙아시아의 영적 아버지'(주 바나바), 128-129.

주님께서 친히 부르고 세우시어 복음의 도구로 사용하셨던 한기만 목사님, 진정 우리 모두의 믿음의 아버지셨습니다. 형식적으로 그저 교회 다니는 사람에 불과했던 우리들에게 생명력 있는 신앙을 심어 주셨고, 습관적인 종교인의 타성에 침잠해 있던 우리들을 복음으로 일깨워 구원의 확신과 중생의 기쁨으로 인도해 주셨으며, 어떤 삶을 살아야 하는지 몰라 방황할 때 살아야 할 이유와 바라보아야 할 푯대를 제시해 주신 목자이셨습니다.

한기만 목사님은 진정 말씀의 사자셨고, 사명자의 삶을 사셨습니다. 우리는 보았습니다. 목사님의 영정 사진 앞에 펼쳐진 성경책에 굵은 밑줄이 여러 겹 쳐져 있는 사도행전 20장 24절, "내가 달려갈 길과 주 예수께 받은 사명 곧 하나님의 은혜의 복음을 증언하는 일을 마치려 함에는 나의 생명조차 조금도 귀한 것으로 여기지 아니하노라" 이 말씀처럼 목사님은 평생을 살아오셨습니다.

이제 달려갈 길을 마치고 결승선의 테이프를 끊으신 목사님, 이제 영광스런 주님의 보좌 앞에 면류관을 받으실 시상대에 오르기 위해 준비하고 계시는 한기만 목사님을 생각하며 안타까움과 슬픔에 찬 애통한 마음을 추스르고 목사님께서 남기신 당부를 마음에 새기십시다. 이제 목사님을 주님 품으로 보내 드립시다.

한국침례신학대학교 이명희 교수의 장례식 조사에 참석자 모두 눈물을 흘리며 한기만 목사를 천국으로 환송했다. 담임목사로 취임한 국명호 목사는 모든 장례를 인도하면서 영적인 스승을 잃었다는 슬픔과 함께 양무리를 목양할 목자로서의 책임감을 느끼며 원로목사를 추억했다.

한기만 원로목사 장례식(2014년)

목사님의 마지막 순간, 제가 손을 붙잡고 목사님 귀에 마지막으로 드린 고백이 기억납니다. '목사님 가르쳐주신 대로 훌륭한 목사가 되겠습니다. 목사님 감사합니다. 그 사랑 잊지 않겠습니다.' 그리고 편안히 천국으로 가셨습니다. 한기만 목사님의 40년 성역은 한국 교계에서도 보기 드물 뿐만 아니라 우리 교회 역사상 전무후무한 기록입니다. 지난 40년 동안 복음과 교회를 위해 '오직 한 길'을 달려오신 한기만 목사님께서 생전에 보여 주신 구령의 열정과 말씀 교육에 대한 헌신은 앞으로도 교회가 끝까지 이어가야 할 소중한 모본입니다. 한기만 목사님은 정치나 명예에 관심을 갖지 않으셨던, 이 시대에 보기 드문 청렴한 목회자이셨습니다. 오직 하나님의 영광만을 위하여 세상 명예를 거부하시고 목양에만 힘쓰신 그분의 외골수적 모습은 세상에 관심을 가지고 기웃거리는 목회자들에게 좋은 귀감이 아닐 수 없습니다. 제게도 아버지 같은 사랑을 보여주신 한 목사님의 사랑에 감사하며 스스로에게 약속하며 고백해 봅니다. '하나님을 기쁘게 하고 성도들을 행복하게 하는 목사가 되겠습니다. 사랑합니다. 목사님!'[24]

## ■ 성경적인 변화를 꿈꾸다

참으로 부족한 저를 이 자리에 있게 하신 건 하나님의 은혜라고밖에는 말할 수 없습니다. 지난 40년간 오직 교회를 위해 불철주야 헌신하신 한기만 목사님의 복음적인 목회 철학을 이어받고 계승 발전시켜서 앞으로도 우리 여의도침례교회가 계속해서 하나님의 복음과 예수 그리스도의 십자가의 복음과 세계 선교를 위해 한국 교회의 본이 되도록 최선을 다할 것을 다짐합니다.

2대 담임목사로 취임한 국명호 목사의 취임사 일부다. 새로운 담임목사로서 교회를 이끌어 가야 할 사명을 위해 기도하고 또 기도하며 준비한 국명호 목사는, 취임사에 드러났듯이 자신을 지금의 자리로 부르신 하나님의 은혜와 섭리를 생각하면 그저 놀랍고 감사할 뿐이었다. 이처럼 국명호 목사가 여의도침례교회의 담임목사로 위임받기까지의 과정은 예측 불가였고, 드라마틱했다.

평범한 가정의 모태 신앙으로 태어나 자란 그는 지방의 한 고등학

---

[24] 《오직 한 길》, '영원히 잊지 않겠습니다!'(국명호), 머리말 참조.

교 특수반에서 공부하던 중 특수반이 해체되면서 그동안 하고 싶었던 성악을 하기로 결심하고 믿음 반, 무데뽀 정신 반으로 서울대학교 성악과 입학을 놓고 기도했다. 합격만 시켜 주시면 주의 영광을 위해 살겠다고 기도하며 준비한 결과 1983년, 서울대학교 장학생으로 합격했다. 제대로 된 레슨도 받기 어려운 환경 속에서 하나님께서 주신 기적과 같은 선물이었지만, 최고만 존재하는 예술 세계에서 살아남으려 노력하다가 성대 결절이라는 절망적인 현실과 마주했다. 할 수 없이 휴학을 선택하던 중 군대 영장이 나와 강원도 보충대에 입대했을 때 연병장 한가운데서 무릎을 꿇고 한 가지 서원을 했다. 여기서 나가게 해 주시면 신학대학원에 가겠다는 서원이었는데, 다급함에 나온 잔꾀였음에도 정말로 나오게 되었고, 대학교를 졸업한 뒤 고향에서 보충역으로 18개월을 근무하게 되었다. 고된 훈련과 함께 얼차려가 많던 시절, 성대 결절로 큰 소리를 내지 못하자 돌아오는 건 구타였고, 그 고난의 반복 속에서 다시 하나님께 기도했을 때 서원 기도가 생각났다.

'주님, 제가 잘못했습니다. 잊고 있었습니다.'

회개와 함께 퇴근길에 교회에 들러 100일 작정 기도를 시작했다. 때마침 고교 친구가 그를 찾아와 사도행전 20장 28절 말씀을 전했다.

"여러분은 자기를 위하여 또는 온 양 떼를 위하여 삼가라 성령이 그들 가운데 여러분을 감독자로 삼고 하나님이 자기 피로 사신 교회를 보살피게 하셨느니라."

당시 장로교인으로 총신대학교 신학대학원을 다니며 전도사가 된 친구가 이 말씀을 그에게 주었고, 작정 기도 100일째 되는 날 또 한 명의 지금은 목회자가 된 고등학교 친구가 찾아와 "기도중에 네가 강단에서 설교하고 있더라. 너한테 꼭 말해 주고 싶어서 찾아왔다"라고 이야기를 전했다.

이 모든 일이 우연이 아니라는 직감이 왔지만 음악으로 하나님께 영광을 돌리겠다는 확실한 비전이 있다 보니 주의 종의 길을 가는 것은 너무 큰 모험이라는 생각이 들었다. 그때부터 하나님의 말씀을 집중적으로 공부하면서 사사기 6장에 나오는 기드온의 양털 뭉치 말씀에 따라 제비뽑기를 했는데, 그럼에도 하나님은 그의 순수한 요구를 들어주며 종으로서의 확신을 갖게 하셨다. 주의 종의 길을 가기로 결심한 그는 군 복무를 마친 후 1992년, 한국침례신학대학교 대학원에 입학했고, 같은 해에 결혼의 복도 받았다. 이후 개척 교회 등을 섬기며 사역자로 단련되기 시작했다.

그런데 여의도침례교회와는 대학교 3학년 때 첫 인연을 맺게 되었다. 당시 그는 개척 교회의 지휘자로 섬기고 있었는데 교회 내 문제로 목회자가 어렵게 되어, 목회자를 따라 작은 예배처를 함께 마련하던 중 마땅히 예배드릴 곳이 없어 찾아간 인근 교회가 바로 여의도침례교회였다. 나중에 신대원 3학년 때 이 교회에서 사역자를 찾는다는 연락을 모교수로부터 직접 받았지만 섬기고 있는 곳이 있었기에 정중히 사양했는데, 2년 뒤에 다시 기회가 왔고, 그때는 사역자로 섬길 수 있게 되었다. 그러고 보면 하나님의 계획은 십수 년 전부터 국명호라는 목회자를 이 교회로 이끌고 계셨던 것이다.

단 한 번도 여의도침례교회의 담임목사라는 자리를 생각조차 하지 못했던 국명호 목사는 더욱 겸손히 2기 사역을 감당해야 했다. 기독교장로교회를 다니던 그가 주의 종의 길을 걸으며 한국침례신학대학교 대학원을 선택한 이유는 분명했다. 당시 운동권에 영향을 받지 않은 가장 성경적이고 복음적인 교단중에 타교단 출신을 받아 주었기에 아무런 배경이 없었음에도 기꺼이 선택한 것이다.

2014년, 여의도침례교회는 사역 2기 2년차를 맞이하며 국명호 담임목사 체제로 전환했다. 겉으로 볼때 크게 달라진 것은 없어 보였다. 취임사에서 밝혔듯, 40년간 교회를 지탱해 준 사역의 근간을 지키되 잘 계승하고 발전시키기 위한 기도가 이루어졌다.

"주님, 지금까지 제 계획대로 된 것이 없었듯, 주님께서 계획하신 것을 보여 주시고 그 뜻대로 이루어 가실 것을 믿습니다. 그저 저는 그 뜻을 이루는 도구로만 사용해 주옵소서."

국명호 담임목사는 그동안 여의도침례교회의 교역자로서 다양한 부서 사역을 경험했던 17년의 시간과 미국에서의 유학과 독일 현지에서의 담임목회 사역 경험을 한데 모아 교회를 교회답게 개선할 수 있는 부분을 고민했다. 그러면서 그의 마음과 생각을 붙든 것은 하나였다.

'변화와 개혁의 기준은 성경적이냐, 아니냐가 되어야 한다.'

교회가 더욱 교회다워지려면 성경을 좇는 교회가 되면 된다. 초대교회를 닮아 가려는 노력이 필요하다는 생각, 말씀과 행함이 있는 교회가 되어야 한다는 생각이었다.

'W.O.R.D'

VISION

# W.O.R.D

여의도침례교회 W.O.R.D 비전(2012년)

    말씀을 뜻하는 영어 단어 '워드'를 핵심 키워드로 삼고 철자 하나하나에 성경적인 교회로 나아가는 방향을 잡았다. 우선, 교회의 존재 이유는 하나님께 드리는 예배(Worship)가 최우선인 만큼 예배는 지속적으로 부흥해야 한다. 예배가 활력 있고 생동감 넘치기 위해 성경적인 변화를 어떻게 줄 수 있는지 기도하고 개선하는 것이 필요했다. 그다음은 교회가 지금껏 걸어온 전도와 선교 역시 더욱 복음적으로 가야 한다. Only Jesus, 곧 오직 예수만 전하는 복음의 전도, 복음의 선교를 위해 방법을 다각도로 모색해야 했다. 세 번째로 생각한 Recognize the truth는 여의도침례교회의 부흥의 근간이 된 제자 훈련을 좀 더 다양하고 깊게 탐구하기 위한 소망이 들어가 있다. 마지막으로 교회는 세상의 빛이 되어야 하므로 사랑의 빛을 전해야 한다(Dedication). 지금껏 교회가 이웃에게 사랑을 나눈다고 했지만 더 해야 한다. 조건 없이, 고민 없이, 제한 없이 사랑을 나누어야 한다는 마음에 네 가지 방향성을 정하고 '워드 비전'으로 명명했다. 이에 성도들도 공감할 수 있게 하기 위해 말씀을 선포했다. 구약에 나오는 왕들의 개혁과 종교 개혁을 통한 영적인 재무장을 강조하며 성도들에게 새로운 시작을 선포했다.

### ■ 교회의 화재 사건, 새로운 디딤돌이 되다

연기가 한 교역자의 눈에 띈 것은 정말로 하나님의 도우심이었다. 화요일 목회자 회의 후 방송실 부근에서 뿜어져 나오는 연기를 발견한 교역자가 재빨리 119를 불렀으나 소방차가 도착했을 때 불길은 이미 방송실 천장으로 번져 있었다. 본성전이 방송실과 붙어 있는데다 내

방송실 화재(2014년)

부가 목조로 되어 있기에 혹시라도 불길이 넘어가면 자칫 교회 전체가 불에 탈 수 있는 위험천만한 상황이었다. 다행히 불길은 방송실을 전소시키고 사그라졌다.

교회 내 화재 사건은 모두에게 충격을 남겼다. 새카맣게 탄 방송실을 보고 가슴을 쓸어내리면서도 교회의 낙후된 시설에 대한 아쉬운 목소리가 다시 나오기 시작했다. 당시 세월호 사건으로 안전 문제가 워낙 이슈가 되고 있었기에 사건 사고에 예민해져 있는 상황이기도 했지만, 교회가 지어진 지 30년이 넘어가면서 본관 천장의 누수와 바짝 마른 나무 천장의 화재 위험성은 오래전부터 문제가 제기되고 있었다.

리모델링의 필요성이 제기되기 시작했다. 하지만 리모델링을 반대하는 이들의 목소리도 만만치 않았다. 두 가지 의견이 부딪히면서 리모델링의 순탄한 진행은 요원해 보였다. 이를 두고 국명호 목사의 간절한 기도가 계속되었다. 하나님은 이러한 상황 가운데서 사람을 통해 당신의 뜻을 보여 주셨다.

하루는 담임목사실로 한 젊은 부부가 찾아왔다. 국명호 목사와 면담을 하게 된 그들은 봉투를 내밀며 말했다.

"목사님, 저희는 어린아이를 키우고 있는 부부입니다. 아이를 데리고 비디오실에서 예배를 드리는데 수유실 시설이 낡아서 계속 마음이 쓰였어요. 함께 기도하던 중에 마음에 감동이 와서 교회를 섬기고 싶은 마음이 들었습니다."

젊은 부부가 내민 리모델링 건축 헌금에 국명호 목사는 큰 감동과 함께 용기를 얻었고, 그동안 해 온 교회 리모델링을 위한 기도의 응답이라고 믿었다. 그러면서 독일 베를린 지교회의 담임목사로 있을 때 교회 안팎의 여러 문제가 있는 가운데서도 교회 리모델링을 기적 가운데서 완성하게 하셨던 하나님을 다시 떠올렸다. 결코 있을 수 없는 일을 일어나게 하며 당신의 성전을 만들어 가신 하나님의 방법을 신뢰했다.

'주님, 느헤미야가 무너진 성벽을 건축했던 것처럼 이 교회의 성벽을 다시 단단히 세우겠습니다. 오직 하나님의 인도하심과 뜻만 좇을 수 있도록 도와주옵소서.'

그런데 이번에는 교회를 아예 새로 짓자는 재건축에 대한 의견이 나왔다. 또다시 재건축과 리모델링 의견이 맞서는 상황이 벌어졌고, 이에 국 목사는 리모델링에 대한 필요성을 제기하며 동의를 구했다. 적지 않은 교회들이 무리한 건축으로 부채에 허덕이며 진짜로 해야 할 일을 하지 못하고 있는 것은 교회로서 하나님의 영광을 가리는 일이었다. 특히 그는 2011년 베를린 지교회의 담임목사로 파송되면서 유럽 현지에 많은 교회들이 건물만 남고 성도가 없는 것을 목격했기에 비용 부담이 엄청난 재건축보다는 리모델링 쪽으로 의견을 냈다. 물론 부족한 주차장 문제를 고려할 때 고민이 되었지만, 여러 가지를 종합적으로 고려하여 확대 실행위원회를 통해 리모델링의 필요성을 널리 알렸다. 결국 압도적으로 찬성 의견을 받아 리모델링을 시작할 수 있었다.

1907년, 평양의 장대현교회에서 있었던 일이다. 어느 주일날 교회에서 예배를 드리는데 천장에서 비가 새기 시작했다. 천장에서 떨어지는 빗방울을 맞으며 예배를 드리던 한 성도의 마음이 너무나도 아파 왔다.

다음 날 월요일 아침 일찍, 그는 자신의 집 지붕 위로 올라갔다. 그러고는 지붕 위에 있는 기와를 벗겨 내기 시작했다. 그 모습을 지켜보던 가족이 깜짝 놀라 물었다.

"아니, 멀쩡한 기와를 왜 벗겨 냅니까?"

"지금 하나님의 성전에 비가 새고 있는데 어찌 가만히 내버려 둘 수 있단 말인가."

그러고는 집에서 벗겨 낸 기와를 가져가 성전의 새는 곳을 막았다고 한다. 그 성도는 평양 장대현교회 설립에 큰 공을 세운 최치량 장로다.

하나님의 성전을 향한 성도의 기쁜 헌신과 마음은 세기가 지나도 귀감이 되고 감동을 준다. 하나님은 성전을 사모하는 자를 귀하고 기

본당 리모델링 착공식(2015년)

쁘게 여기신다. 2015년, 국명호 담임목사는 이 이야기를 성도들에게 전하며 교회의 리모델링을 선포했다.

하나님의 성전인 교회도 결국 우리를 위한 시설입니다. 안전도 그렇고, 냉난방 시설도 결국 성도들을 위한 시설입니다. 결국 성도들이 예배드리고 은혜 받는 데 불편함이 없도록 하는 것이 주님을 위한 것이라는 말입니다. 요사이 좌석이 부족해서 밖에서 예배드리는 분들을 볼 때마다 마음이 아팠습니다. 리모델링을 하면 좌석이 300석 이상은 늘어날 텐데, 이런 시설을 바꾸면 더 안전해질 텐데… 이런 생각과 함께 우리 성도들도 불편함을 덜고 불신자들이 오고 싶어 하는 시설로 바꿀 소망이 일어난 것입니다. 교회와 건축은 100년을 내다봐야 하는데, 막상 변화하려고 하니 때가 아니라는 의견이 있는데, 지금만 그런 게 아니라 B.C. 520년에도 그랬습니다. 하나님께서 학개 선지자를 통해 하신 말씀을 생각해 봅시다. "너희는 산에 올라가서 나무를 가져다가 성전을 건축하라 그리하면 내가 그것으로 말미암아 기뻐하고 또 영광을 얻으리라"(학 1:8). 이스라엘 사람들은 아직은 때가 아니라고 했지만 하나님은 지금 당장 산 위에 올라가서 나무들을 찍어다가 성전을 건축하라고 하셨습니다. 학개서가 우리에게 주는 교훈은 하나님의 생각과 우리의 생각이 다르다는 것, 그러므로 신앙은 순종입니다. 사랑하는 성도 여러분, 하나님은 할 수 있는 것부터 시작하라고 말씀하고 계십니다. 그 말씀에 순종하여 우리 성전을 새롭게 합시다.[25]

---

[25] 국명호 목사, 주일 예배 설교 '자기의 행위를 살필지니라'(학 1:1-11), 2015년 1월 4일.

국명호 담임목사는 학개서를 설교하며 교회와 성도들에게 성전 리모델링을 선포했고, 그와 함께 본격적으로 리모델링이 진행되었다.

우선적으로 고려한 것은 안전시설이다. 노후화된 전기 시설 교체와 본당 1층에 스프링클러 설치 및 비상시 빠른 대피를 위해 출입구를 확장하고, 본당과 교육관을 연결하는 구름다리를 설치해 건물 간의 이동을 편리하게 했다. 막상 리모델링 설계를 하다 보니 수십 년 된 건물의 노후하고 낡은 면면이 여기저기서 드러났다. 그러는 와중에 보이지 않게 헌신하는 손길도 이어졌다.

"목사님, 본관 화장실 리모델링은 제가 섬기겠습니다."

이러한 헌신과 섬김은 리모델링의 의미를 아름답게 해 주었다.

안전시설에 이어 집중한 것은 공간에 대한 효율적인 활용도였다. 많은 성도가 오가며 소모임을 갖는 만큼 공간을 유기적으로 사용할 수 있도록 재점검하는 작업이 이어졌다. 예를 들어, 지하 식당의 경우 평소에는 전 성도를 위한 식당으로 활용하되 필요시에는 몇 개 교구가 동시에 모임을 가질 수 있도록 분리가 가능하게 한다든지, 여의도침례교회의 자랑인 교육관을 좀 더 현대적인 감각에 맞게 리모델링해서 모임은 물론 콘서트까지 가능하도록 하는 등 세심한 관심을 기울여 공사를 진행했다. 각 층별로는 중앙 예배실을 차별화된 디자인으로 꾸미고 음향과 영상 시설, 실시간 방송 시스템을 구비해 사용자가 스스로 컨트롤할 수 있도록 했으며, 교육관 1층에는 카페를, 교육관 4층에는 유치부 안에 유아를 위한 전용 시설을 만들었으며, 또한 작은 콘서트 공간인 글로리아홀 내부 버려진 공간에는 유아 실내 놀이터를 신설했다. 9층은 청소년과 청년들이 언제든 교회를 오가며 학업하고 모일 수 있도록 북카페 형식의 교회 사랑방으로 만들었다.

　예배 공간도 확보했다. 본관 1층에는 영유아실을 따로 만들어 자모가 편하게 예배할 수 있도록 했고, 2층에는 장년을 위한 비디오실을 마련해 공간을 분리했다. 또한 그동안 남녀 구분 없이 중보 기도실을 운영했던 것을 따로 분리시켜 기도하는 성전으로서의 의미를 더했다.

　여의도침례교회의 또 하나의 자랑인 찬양대를 위한 공간도 마련했다. 그간 찬양대 연습실이 부족해서 예배 때마다 혼란을 겪었는데, 본당 5층에 새로운 연습실이 마련됨으로써 찬양 대원들이 좀 더 여유 있게 사용할 수 있게 되었으며, 찬양대 연습실 한편에는 성도들도 이용할 수 있는 녹음 스튜디오를 만들어 누구든 쉽게, 언제든지 사용할 수 있게 되었다. 본당 외에 성도들이 동시에 모일 수 있는 소예배실 공간이 12곳이나 가능하게 된 것은 목회자들이 솔선해서 사무실을 양보하고 공유하는 개념으로 전환했기에 가능한 일이었다.

　리모델링 공사였지만 거의 건축이나 다름없는 공사를 진행하면서 또 하나 고민했던 것이 엘리베이터 설치였다. 기존에 있던 엘리베이터가 지하까지 연결되지 않아 노약자의 불편이 많은 상황이었기에 리모델링을 통해 개선할 요량이었으나 공사여건이 만만치 않았다. 1억 원이라는 추가 비용과 한 달 공사 기간 연장에 대한 부담이 상당히 컸기에 이 과정에서 고민을 해야 했다. 그럼에도 노약자를 위한 결단을 내려 엘리베이터 공사를 시작했고, 이 결정은 본당의 리모델링과 함께 리모델링의 꽃이라 불릴 정도로 성도들의 칭찬과 격려를 받았다.

　2015년에 시작한 여의도침례교회의 리모델링 공사는 1년여의 시간에 걸쳐 구석구석 진행되었고, 신축이나 다름없을 정도로 꼼꼼하고 세심하게 이루어졌다. 물론 새로운 변화 앞에는 갈등과 어려움도 있었다. 리모델링을 진행하는 과정에서 이 공사를 결정하는 것도 어려웠지만, 막상 공사를 시작하고 보니 30년이 넘는 교회의 본당 설계도가 없다는 사실이 복병이 되었다. 공사를 하려면 설계도가 바탕이 되어야 하는데, 그것이 없으니 막막했던 점이 많았다. 뜯을 때마다 다른 문제들이 생겨났기 때문이다.

또한 공사 중간에 장로 회장의 임기가 마무리되면서 다른 사람이 세워지는 바람에 추가되는 공사가 중단되었고, 결국 예견한 대로 공사가 끝난 다음 해에 비가 새는 바람에 두 배의 비용을 들여 본당의 우수관을 수리해야 하는 문제가 발생했다. 구름다리와 엘리베이터 설치를 위한 합법적인 절차를 받기 위한 기다림의 시간도 필요했다. 이 외에도 추가 공사에 대한 필요가 발생했지만 반대 의견에 부딪혀 마무리가 깔끔히 되지 않은 부분은 여전히 아쉬움으로 남는다. 하지만 2015년, 여의도침례교회는 기존의 외형은 유지하면서도 좀 더 효율적이고 교회의 상징성과 정체성에 다가설 수 있는 거룩한 성전을 향해 한 걸음 더 나아갔다. 이것은 국명호 담임목사를 통한 여의도침례교회 2기 사역의 용기 있는 시발점이 되었고, 도약의 신호탄이 되었다.

신축과 리모델링을 두고 의견이 나뉘긴 했지만, 하나님께서 지혜를 주셔서 리모델링으로 방향을 잡고 추진했습니다. 화재에서 비롯된 만큼 가장 중심을 둔 부분은 안전이었습니다. 그 점을 감안해서 모든 설계의 방향을 잡아 외부 자문위원회를 두었고, 교회 내부에 관련 분야의 전문가들이 많은 관계로 함께 협력하여 리모델링을 진행할 수 있었습니다. 최소한의 예산으로 최단 시일 내에 공사를 완성하되 최상의 효과를 누리자는 원칙을 두고 공사를 진행했는데, 모든 과정이 합법적으로 진행되었고, 성도들의 네트워크가 곳곳에서 힘을 발휘했습니다. 공사가 진행되기 이전부터 성도들의 자발적 헌신이 이어져 예산의 어려움 한번 없이 진행할 수 있었고, 공사 일정이나 날씨에 따른 어려움도 없었으며, 하나님의 성전을 짓는 일에 참여한 모든 이들이 하나님을 믿는 이들이었다는 것도 참 은혜였습니다. 모두가 성전을 위한 일에 참여하는 것을 기쁨으로 여기며 일했다는 것은 지금 생각해도 참으로 감사한 일입니다. 성전이 완성된 뒤 처음에 반대했던 분들도 함께 박수쳐 주는 등 연합하는 결과를 가져왔습니다. 결국 성전 리모델링을 통해 교회는 더욱 견고해질 수 있었습니다.[26]

### ■ 흔들리면서 피는 은혜

"흔들리지 않고 피는 꽃이 어디 있으랴."

어느 시인의 시구와 같이 아름다운 꽃이 피기까지는 수천 번, 수만 번의 흔들림이 있다. 시련일 수도 있을 바람이지만 결국에는 성장의 동력이 된다.

여의도침례교회는 국명호 담임목사를 중심으로 사역 2기를 맞이하면서 조용한 변화가 시작되었다. 40년을 이어 온 교회의 전통과 정체

---

[26] 김학기 장로(2015년 리모델링 시 장로 회장) 인터뷰.

성을 그대로 간직하되 그 속에서 균형을 맞추어 효율적인 사역이 이어질 수 있도록 했기에, 기존의 틀 속에서 변화를 꾀했다. 리모델링도 그런 기조의 연장선상이라 할 수 있다.

그러나 새로운 시작 앞에서 불어오는 바람의 역습 또한 만만치 않았다. 내부로부터 불거진 분쟁의 씨앗이 담임목사를 공격했고, 있지도 않은 사건을 만들어 갈등의 골을 깊게 했다. 이는 지방회 문제로 번졌고, 이에 여러 가지 정황상 교회 차원에서 지방회를 탈퇴하고 새롭게 지방회를 조직하는 쪽으로 방향을 잡았다. 그런데 이 과정에서 예상치 못한 어려움에 부딪혔다. 지방회에서 회원 탈퇴를 반대하며 여러 방면으로 교회 사역에 어려움을 겪게 된 것이다.

본래 침례교단은 회중 정치로, 총회나 그 어떤 상위 기관에서도 교회를 간섭할 수 없다. 한마디로 개교회주의를 지향하고 있다. 이것은 정교 분리 원칙과 함께 개신교 종교 개혁의 중요한 교리로, 개교회의 사무처리회를 가장 최고의 의결 기관으로 인정하고 있다. 타 교단의 감독 정치와 장로 정치보다 민주적인 회중 정치를 따르고 있음을 의미한다. 한마디로 국가가 개인의 신앙에 관여할 수 없는 신앙의 자유와 함께 교회 위의 어떤 조직도 권위나 압력을 주장할 수 없다는 침례교단의 중요한 교리이며 원칙이다. 그렇기에 일반적으로 총회 밑에 여러 소규모 교회들의 모임인 지방회 밑에 각 교회가 소속된 구조가 아닌, 개교회가 가장 상위 기관이 되고 소규모 교회들의 모임인 지방회나 총회는 개교회를 돕기위해 존재하는 것이다. 이는 종교 개혁 이전에 중세 가톨릭교회의 심각한 문제가 교회 상위 기관의 권위에서 비롯된 잘못된 역사를 또다시 반복하지 않으려는 의지다.

침례교회의 회중 정치는 회중이 하나님의 말씀을 올바로 분별하고 결의한다는 면에서 감독 정치나 장로 정치보다 민주적이라는 것을 의미할 뿐, 결코 다수가 진리라고 주장하는 세상의 민주주의와는 완전히 다르다. 당연히 회중은 하나님의 말씀을 올바로 분별하고 결정해야 하기에 회중이 말씀 가운데 서 있는가가 관건이고, 그래서 그토록 성경 공부에 치중하는 것이다. 이러한 회중 정치의 구조를 지닌 침례교단이기에 지방회에서 여의도침례교회의 결정에 대해 간섭할 어떠한 이유도 없는 것이다. 타 교단의 경우에는 총회 안에 소속된 지방회나 노회에 한 번 가입하면 나올 수 없는 구조이지만, 침례교단은 교회 사무처리회의 결정으로 지방회 이동을 자유롭게 할 수 있다.

그럼에도 사람을 통한 어려움은 계속되어, 이를 위한 기도가 이어졌다. 환난 중에 부르짖는 기도와 교회를 사랑하는 대다수 성도들의 위로와 기도가 계속되었다. 환난은 인내를, 인내는 연단을, 연단은 소망을 이루게 하심을 믿고 간구했다. 대다수의 성도들이 교회에 다가온 어려움을 인식하지 못하고 있음을 다행으로 여기며 말씀을 상기했다.

"이러므로 우리에게 구름같이 둘러싼 허다한 증인들이 있으니 모든 무거운 것과 얽매이기 쉬운 죄를 벗어 버리고 인내로써 우리 앞에 당한 경주를 하며 믿음의 주요 또 온전하게 하시는 이인 예수를 바라보자"(히 12:1-2).

결국 하나님은 인내로써 당한 경주를 하는 이들을 긍휼히 여기시어 서서히 문제를 해결해 나가기 시작하셨다. 우선은 국명호 목사를 통해 교회의 원로이자 문제를 객관성을 가지고 해결할 수 있는 이들을 세우셨다. 국명호 목사는 내부적인 문제를 해결할 윤리위원회를 세워 당면한 문제를 해결하도록 했다. 이렇게 세워진 두 위원회를 통해 수년간 담임목사와 교회를 힘들게 하던 지방회 문제가 잘 마무리되었다.

내부적으로는 몇몇 장로들의 견제를 막고 외부적으로는 지방회 갈등을 풀어 가는 등의 중책을 맡고 위원회 임원들과 매일 기도하며 일했습니다. 갈등과 분쟁이 일어난 원인은 결국 사람의 욕심에서 벌어진 일이었고, 그로 인해 담임목사님이나 교회가 피해를 보게 되었다는 게 참 속이 상했지요. 하지만 하나님께서는 교회를 어지럽힌 자들의 허물이 만천하에 드러나게 하셨고, 떠나게 하심으로 일을 마무리되도록 하셨습니다. 모든 일을 안팎으로 정리하기까지 꽤 시간이 걸렸지만, 하나님은 정의와 공의의 하나님이시고 세상의 법과 윤리를 초월하시는 분이라는 것을 모든 이들에게 보여 주셨기에 은혜를 또 한 번 경험할 수 있었다고 생각합니다. 교회는 물론이고 담임목사님도 어려움을 겪었지만, 결과적으로 선한 방향으로, 하나님이 옳은 방향으로 인도하셨다고 생각해요. 무엇보다 인간적인 방법이 아닌, 율법적인 사람의 잣대가 아닌 사랑의 잣대로 어려움을 해결하도록 하셨음에 감사합니다.[27]

마침내 여의도침례교회는 사무처리회의 결의에 따라 새로운 비전

---

**27** 박근재 장로(2020년 윤리위원장) 인터뷰.

을 가지고 새로운 마음으로 새로운 지방회에 가입할 수 있게 되었다. 여의도침례교회는 이 지방회를 통해 새롭게 협력 목회를 시작할 수 있었고, 2기 사역의 기반을 탄탄히 다져 갈 수 있었다.

하나님은 이 일을 통해 시련에 당당히 맞설 담대한 용기를 주셨다. 국명호 목사는 종교 개혁 500주년을 맞아 교회를 향해 담대하게 개혁을 선포하며 보다 더욱 성경적인 교회로 나아갈 것을 말했다. 그 과정 속에 직제 개편, 교구의 재편성 등 어찌 보면 불편할 수도 있을 사안들에 대한 시도와 변화도 이어졌다. 개혁의 의도는 분명했다. 하나님이 교회를 세우신 목적에 친밀하게 다가서는 것이었다. 이러한 의도를 성도들이 공감해 나가며 여의도침례교회는 2기 사역을 향해 힘차게 도약했고, 지금도 나아가고 있다.

2부

# W.O.R.D VISION, 가장 성경적인 교회를 향하다

# 5

# Worship
## : 예배의 부흥

### ■ 교회, 새롭게 옷 입다

제가 취임하기 이전부터 여의도는 한국의 맨해튼이라 불릴 정도로 우리나라의 정치와 경제, 문화의 중심지가 되었습니다. 생활수준이나 삶의 질도 크게 높아졌기에 마음 한편에 적지 않은 부담을 가지고 있었습니다. 부담을 가진 채 교회의 비전을 놓고 계속 기도할 때 하나님께서 주신 마음은, 초심으로 돌아가는 것이었습니다. 여의도침례교회는 초대 한기만 목사님께서 1972년 개척 때부터 성경 공부로 목회를 시작하여 1980년대에 본격적으로 제자 훈련에 들어갈 때까지 성경 공부로 성장한 교회입니다. 한 목사님을 통해 세운 비전을 좀 더 구체적으로 세분화하자는 지혜를 주셨고, 한 단어로 기억하기 쉽게 만들기 위해 말씀이라는 의미인 WORD에 각 단어에 맞는 세분화된 비전을 담고 사역의 기조를 세웠습니다.[28]

---

[28] 국명호 목사 인터뷰.

사역 2기를 맞아 국명호 담임목사가 세운 교회의 비전은 W.O.R.D 이다. 원래 이 단어가 지닌 뜻이 여의도침례교회의 정체성과도 맞닿아 있는 '말씀'을 의미하기도 하지만, 각 단어에 세부적인 비전을 담았다. 우선 교회가 존재하는 목적인 예배의 부흥을 위한 Worship, 오직 주님의 복음을 전하는 선교와 전도가 살아 있는 교회가 되고자 Only Jesus, 말씀으로 세상을 변화시키는 제자 양육의 비전을 담아 Recognize the truth, 마지막으로 예수 그리스도의 사랑의 섬김을 통해 세상을 변화시키는 사랑 나눔을 하자는 의미의 Dedication이다. 한마디로 교회의 본질인 '세상에서 빛과 소금의 사명을 감당하는 교회를 지향한다'는 의미를 담고 있다.

이 비전은 비단 여의도침례교회만의 것이 아닌 이 땅 모든 교회의 비전이기도 하다. 이 땅의 교회는 초대 교회의 선교로 시작된 열매이기에, 주님 다시 오실 때까지 주께서 당부하신 교회의 사명을 감당해야 한다. 국명호 담임목사는 워드 비전을 선포하며 성도들에게 당부했다.

"지금까지 열심히 달려왔지만, 앞으로도 계속해서 이 믿음의 배턴을 넘겨줄 때까지 최선을 다해 푯대를 바라보며 달려야 할 것입니다. 개인적으로 교회의 비전은 새로운 것보다 다시 복음으로 돌아가는 것에서 시작해야 합니다. 그러기 위해 말씀의 기초 위에 세워진 신앙으로 말씀 중심의 신앙을 이루기 위해 워드 비전을 세우게 되었습니다. 이 비전 아래 우리의 사역을 돌아보며 교회의 기본 사명인 예배의 부흥을 위해 잃어버린 영혼을 구원하고, 성도들을 그리스도의 제자로 바로 세우며, 땅끝까지 복음을 전하는 교회가 되기 위해 빛과 소금의 사명을 다할 것입니다."

교회가 나아가야 할 방향이 새롭게 정립되는 가운데 여의도침례교회는 교회 안팎의 사역들을 점검하고 균형 있게 발전시켜 나가는 일을 시작했다. 우선 해마다 바뀌는 목표 체제보다는 기간을 좀 더 길게 잡고 하나씩 바꾸어 가는 방향으로 잡았다. 그렇게 해서 나온 것이 3개년 계획이다.

국명호 담임목사가 취임한 이후 2014년에 세운 목표는 '함께하는 교회', 2017년에 세운 목표는 '개혁하는 교회', 2020년에 세운 목표는 '회복하는 교회'이다. 이렇게 3개년 단위로 교회의 표어가 정해지다 보니 방향성에 집중해서 사역을 점검하고 보완할 수 있었다. 그동안 교회가 잘해 왔던 사역은 계속 확장해 나가는 동시에 부족한 사역에 대해서는 구체적으로 파악해 그 부분에 대한 보완책을 마련했다. 예를 들어, 지난 40년간 활발했던 해외 선교 사역과는 달리 국내 선교 사역과 사회 구호 사역의 미진한 부분을 체크해서 그 부분에 대한 다양한 선교 방법을 고안한 것이다. 지난 시간 여의도침례교회에 베풀어 주신 은혜를 함께 나누는 교회가 되기 위해 어려운 교회를 돌아보고, 미자립 교회를 함께 세워 가는 비전을 세우고, 실제적으로 그 일의 체계를 잡은 것도 좋은 예라 하겠다.

교회의 내부적인 체계에도 변화를 주었다. 교회의 리모델링과 함께 예배의 분위기는 물론이고 예배의 방법과 교구를 새롭게 개편하는 등 크고 작은 다채로운 변화를 통해 예배에 자유함을 주려고 노력했다. 변화를 위한 변화가 아닌, 자유를 위한 변화였다.

## ■ 예배의 부흥을 꿈꾸는 성전의 재탄생

"강대상 뒤에 성벽이라니요? 그건 불가능하지 않을까요?"

"게다가 예루살렘 돌은 어떻게 구할 것이며, 또 구한들 공사도 만만치 않아요."

2015년, 교회의 리모델링을 결정하고 안전시설과 노후화된 시설 교체, 교육관 리모델링 등을 진행하면서 국명호 담임목사는 본성전의 새로운 변화를 놓고 기도했다. 오순절 성령 강림 이후 하나님이 성령으로 그리스도의 몸 된 교회 안에 거하시며 성도가 곧 성전이 되는 성령 성전의 시대가 열렸는데, 그 성령 성전을 상징하는 교회의 성전이 조금 더 거룩한 분위기로 바뀌었으면 하는 바람이 있었던 것이다.

이는 미국 댈러스교회를 방문하면서 받았던 문화적 영향이라 할 수 있다. 워낙 남침례교단의 대표적인 교회였기에 대형 교회답게 시스템이나 시설적인 면에서 우수했지만, 그보다 성전 구석구석에서 거룩함을 놓치지 않으려는 노력이 엿보였다. 특히나 교회 로비에 놓인 예루살렘 돌은 거룩한 성전을 건축하라는 하나님의 뜻을 품고 있는 것 같아 매우 인상적이었다.

때마침 본당 리모델링이 결정되어서, 국명호 목사는 침례교단의 정체성이기도 한 침례탕의 의미를 부각시키고자 했다. 예수님을 구주로 영접하겠다는 것을 회중 앞에 선포하는 침례 의식이 진행될 때 하나님의 성전을 상징하는 강대상 앞에 나아와 십자가 밑에서 침례를 받고 세상을 향해 나아가는 의미를 재현하고 싶었다. 그 의미를 부각시키는 요소로 강대상을 좀 더 거룩하게 표현할 필요가 있었다. 이에 강

침례식(2021년)

대상 뒤에 예루살렘 돌로 성벽을 쌓아 성경에 묘사된 하나님의 성전을 표현하고자 했지만, 이러한 취지를 이해하지 못한 반대 의견에 부딪혔다. 어떤 사람은 실용적이지 않다는 이유로, 어떤 사람은 비용을 이유로 반대했다. 그러나 성전을 거룩하게 하라는 말씀에 순종하고자 했던 진심이 통한 것인지, 담임목사의 취지에 공감한 성도들의 기도와 이를 위해 헌금한 성도들의 헌신에 힘입어 계획대로 예루살렘 돌을 옮겨 와 강대상 뒤에 성벽을 세울 수 있었다.

결과적으로 예루살렘 성벽을 재현한 듯한 배경으로, 침례교단의 상징적인 의식인 침례식은 더욱 거룩하게 진행되었다. 그리스도를 구주로 영접하는 성도들의 자발적 신앙 고백이 이루어지는 모든 과정은 하나님의 거룩한 성전으로 나아와 십자가 밑에서 침례를 받고 다시 세상으로 간다는 본연의 의미가 침례 당사자뿐만 아니라 지켜보는 모든 성도에게 강하게 전달되었다. 이로 인해 침례식은 더욱 경건

본당 리모델링 후 모습(2017년)

해졌고, 굳이 설명하지 않아도 침례의 의미를 모두가 되새기는 효과를 가질 수 있었다.

강대상도 새롭게 옷 입었다. 성경이 펼쳐져 있는 모습을 그대로 재현하기 위해 작가를 통해 따로 제작했으며, 십자가는 동과 나무로 표현했다. 이 역시 옥합을 깨뜨린 한 집사의 헌신으로 채워질 수 있었다. 예전에는 강대상 뒤에 찬양대가 배치되어 있어 예배 때마다 불편함이 있었는데, 찬양대를 옆으로 옮겨 구조를 편리하게 바꾸었다.

또 하나 파격적인 변화라면 한국 교회 최초로 프로젝션 매핑(Projection Mapping)을 시도한 것이다. 프로젝션 매핑이란, 프로젝션을 이용한 비디오 아트, 영상을 투사해서 현실 속에 가상공간을 창조하는 예술을 일컫는다. 쉽게 말하면, 영상물을 건물이나 외벽에 투사해서 웅장한 현장을 경험할 수 있게 하는 기술인데, 여의도침례교회가 교회로서는 처음으로 시도한 것이다. 이 일을 시도하는 가운데 문제

프로젝션 매핑을 한국 교회 최초로 활용한 여의도침례교회

도 있었다. 스크린을 사용하지 않다 보니 영상이 밝지 않다는 점이 복병이었는데, 고도의 영상과 음향의 업그레이드를 위한 전문인 성도의 헌신이 뒷받침되면서 최선의 방법을 찾을 수 있었다.

이로써 성전 리모델링과 함께 한국 교회 최초로 매핑을 시도한 예배를 드릴 수 있었고, 이는 온 성도들의 찬사를 받았다. 부활절과 성탄절, 침례식과 교회에서 행해지는 많은 행사에 교회가 원하는 모든 배경과 분위기로 성전을 디자인할 수 있었고, 이는 거룩한 예배를 돕는 소중한 도구가 되었다. 이를 위해 많은 이들의 헌신과 노력이 있었음은 말할 것도 없다.

> 본당 리모델링 과정에서 담임목사님의 음악에 대한 조예와 아이디어가 더해져 영상과 음향 시설이 새로운 시스템으로 업그레이드되고 예배당 내부가 새롭게 옷 입으면서 과연 성전의 입체감이 살아났습니다. 예배의 감동이 몇 배로 더해졌다고 해야 할까요. 리모델링을 통해 더욱 거룩한 예배를 입체적으로 경험할 수 있게 되었는데, 이는 내부적으로나 외부적으로 공감했던 부분이었습니다.[29]

교회 리모델링을 마무리하며 국명호 담임목사는 많은 이들의 노고와 헌신에 감사하며 리모델링이 지닌 의미를 성도들에게 전했다. 교회가 건물로서 존재해서는 안 되며 성도 한 사람, 한 사람이 거룩한 성전으로 서야 하지만, 그 성전을 대표하는 교회의 성전에 담긴 성경

---

[29] 박찬규 장로(2015년 리모델링 관리위원장) 인터뷰.

리모델링 후 교회 전경

적인 교회를 향한 의미를 되새기며 거룩한 예배가 회복되기를 소망한다는 메시지였다.

또한 교회의 리모델링을 계기로 영적인 리모델링을 하자는 취지의 설교를 이어 갔다. 학개서의 말씀을 토대로 느헤미야의 성벽 재건의 역사가 이루어짐과 동시에 수문 앞 광장에서 말씀을 통한 영적 대부흥이 일어나며 성벽 재건의 역사가 마무리된 것처럼, 성전의 리모델링은 결국 영적인 리모델링을 위한 것임을 전했다. 또한 영적인 리모델링을 위해 영적인 가정과 같은 교회에 대해 다시 돌아보고, 그 교회의 포도원을 무너뜨리는 작은 여우를 경계하며, 교회가 지닌 진정한 존재 의미를 돌아보아 이 땅에 빛과 소금으로 파송된 자들로서 순종하는 믿음으로 다시 서자는 메시지였다. 이에 여의도침례교회 성도들은 말씀을 통해 영적으로 재무장해야 함을 느꼈고, 그러한 계기를 허락하신 하나님께 영광을 돌렸다.

학개서 2장 9절을 보면 "이 성전의 나중 영광이 이전 영광보다 크리라 만군의 여호와의 말이니라"라는 말씀이 있습니다. 솔로몬의 성전과 스룹바벨의 성전을 비교하신 말씀으로, 어떻게 어려운 가운데 짓는 스룹바벨의 성전이 화려한 솔로몬 성전보다 영광이 크다는 것일까요. 이것은 결코 성전의 외적인 화려함이나 아름다움을 비교하는 것이 아닌 하나님이 임재하시는 내적인 영광을 말씀하신 것입니다. 중요한 사실은, 오직 성전에 영광을 충만케 하실 분은 만국의 보배 되신 예수님이라는 사실을 놓쳐선 안 됩니다. 교회 안에서도 이 본질을 놓쳐서 싸우다가 갈라지게도 되는데, 본질을 생각합시다. 예수님을 만난 사마리아 여인의 관심은 예배였습니다. 예배의 장소를 물어보는 그녀에게 예수님의 대답은 "영과 진리로 예배할지니라"(요 4:24)였습니다. 교회 안에도 본질과 비본질이 있습니다. 예배가 본질이고 건물은 비본질, 찬양이 본질이고 찬양대 자리는 비본질입니다. 성전 리모델링을 위해 많은 분들이 헌신하셨습니다. 무엇보다 감사한 것은 리모델링 기간 동안 한 번도 헌금을 이야기한 적이 없는데도 주님께서 넘치도록 채워 주셨다는 것입니다. 옥합을 깨뜨린 헌신으로 리모델링에 동참해 주신 모든 성도님들께 진심으로 감사를 드립니다. 이제는 이 모든 것을 허락하신 하나님을 생각하고, 성전 건축의 역사는 주도권이 하나님에게 있음을 알고 더욱 영적인 리모델링을 하며 예배에 진심을 다하시길 바랍니다.[30]

---

[30] 국명호 목사, 주일 예배 설교 '나중 영광이 이전 영광보다 크리라'(학 2:6-9), 2015년 1월 18일.

## ■ 성경적인 예배로의 회복

예배는 교회가 존재하게 하는 가장 큰 이유다. 예배에 목숨을 거는 것이 그리스도인의 진정한 사명이기에, 여의도침례교회는 다시 예배의 부흥을 그리며 성경적인 예배에 대해 고민했다. 성전을 거룩을 극대화시킬 수 있도록 리모델링한 것도 예배에 집중하기 위한 노력이었고, 질적인 면에서 어떻게 하면 예배를 예배답게 할 수 있을지 생각했다.

교회의 목표도 '예배 회복을 위한 해'로 정하고 공예배에 대한 점검에 들어갔다. 성도들에게 전하는 설교도 교회가 정한 방향성과 시의에 맞도록 말씀을 준비하되, 현대적인 감각에 맞추어 새롭게 도입한 교회 시스템을 최대한 활용해서 예배에 거룩함을 더했다.

리모델링을 통해 침례식을 예배 중 모든 성도가 지켜보는 가운데 진행할 수 있게 되었다. 또한 예배 중간에 이루어지는 침례식은 하나님과 성도들 앞에서 이루어지는 신앙 고백이기에 예배의 순서와 상황에 따라 유연하게 변화를 줄 수 있었다.

또 다른 변화는 헌금의 방식이다. 이전까지는 헌금 주머니를 돌리는 방식이었으나, 헌금함을 설치해서 성도들이 자발적으로 헌금에 참여하도록 했다.

"목사님, 그러면 헌금이 줄어듭니다."

교회를 사랑하는 충심의 이야기들이 들려왔지만, 담임목사로서 그동안 많이 기도하고 내린 결정이었기에 단호했다.

"아닙니다. 헌금은 자원하는 마음으로 드리라고 분명히 말씀에 나와 있습니다. 헌금함을 설치해서 성경적인 헌금이 이루어질 수 있도록 하는 것이 좋겠습니다. 저는 우리 교회 성도님들의 신앙과 믿음을 믿습니다."

이러한 결정에 따라 헌금 시간의 풍경이 달라졌다. 처음에는 바뀐 상황에 어리둥절해하던 성도들도 이내 취지를 알고 자신의 믿음대로 자원하는 헌금이 이루어졌다. 헌금함을 설치한 이후에도 재정에는 변화가 없었고, 오히려 자원해서 드리는 헌금을 향한 성도들의 강한 신뢰와 믿음이 더해졌다. 지금까지 국명호 목사는 1년에 한번 헌금 설교를 하는데 그것도 감사주일 지나서 다음주일 11월 4째주에 항상 헌금 설교를 하고 있다.

예배를 돕는 찬양에 대한 배려는 더욱 세심해졌다. 찬양 안에 거하시는 하나님을 알기에, 여의도침례교회의 예배의 회복과 부흥을 꿈꾸며 찬양대가 자유롭게 봉사할 수 있도록 연습 장소를 확보하고 질 높은 음악을 할 수 있도록 음향과 영상을 업그레이드하는 등 찬양이 살아 있는 예배를 위해 노력했다.

예배드리는 방식에도 변화를 주었다. 주 단위로 드려지는 예배 중

수요필워십 6주년 기념예배(2022년, 김신의 간사, 가수 알리)

에 시간적으로나 공간적으로 비효율적인 것은 과감히 통합하거나 신설했다. 하루를 시작하는 예배인 새벽 기도회의 경우 기존에 소예배실에서 새벽 5시와 6시에 두 번 드리던 것을 넓은 본당에서 드리는 새벽 5시 30분 기도회로 통합시켰다. 새벽 기도회는 가장 개인적이면서 조용한 가운데 드릴 수 있는 예배이기에 그에 맞도록 말씀 묵상을 기반으로 기도할 수 있게 했다. 또한 코로나19 팬데믹 이후에는 방송을 통해 하루 세 번 송출을 시작해, 더 많은 성도가 각자의 처소에서 기도로 하루를 시작할 수 있게 되었다.

수요 예배의 경우 오전에 드리는 일반적인 예배 외에 수요필워십을 신설해서 젊은이들과 주 중 참석이 어려운 직장인들이 참석해 찬양으로 예배드릴 수 있도록 했다. 수요필워십은 그 취지에 맞게 예배에 대한 목마름과 찬양을 향한 갈급함이 있는 성도들에게 지지를 받고 있다. 찬양 예배는 주일 예배에도 도입해, 모든 성도가 찬양으로 하나님께 영광을 돌리도록 했다. 이로써 마음껏 찬양하고 마음껏 기도할 수 있는 예배, 세대가 함께 모여 공감할 수 있는 기도로 모이는 예배가 마련되었다. 1부 예배는 전통적 찬송가 위주로, 2부 예배는 편곡된 찬송가와 귀에 익은 복음성가를 통해, 3부 예배는 현대적 편곡과 새로운 곡들을 반영하고, 4부 예배는 젊은이들에게 익숙한 찬양을 선곡해 예배에 적용했다.

이러한 흐름과 함께 여의도침례교회는 세대별로 교구를 분리하도록 했다. 교회의 역사가 40년이 넘어가다 보니 3대가 함께 신앙생활을 하는 경우가 많아졌다. 이는 신앙 안에서 좋은 열매가 분명하지만, 간혹 그렇지 못한 면도 보이기 시작했다. 결혼한 자녀의 경우 부모와 함께 신앙생활하며 열린 교제를 하는 것이 부담스러운 것이다. 이뿐 아니라 수십 년 동안 교구 안에서 이루어진 교제가 연령의 차이로 인해 새로운 성도가 함께하기 어려운 상황들을 만들고 있는 실정이었다.

결국 이를 위해 교구에 변화를 주기로 결정했다. 목적과 기준은 하나였다. 예배를 더 잘 드리기 위함이었다.

모든 교구를 손볼 수 없기에 고민하던 중 각 교구의 연령층이 다양한 만큼 시니어에 대한 배려가 어려운 점을 감안해서 우선 시니어 교구를 따로 만들었다. 원래 있던 에벤에셀에 베푸는 시니어로 임마누엘 교구를 추가하고 나누어 활동하되 시니어 두 교구 역시 연령의 차이를 두어 가능한 비슷한 연배의 성도들이 함께 신앙의 이야기를 나누며 예배할 수 있도록 했다.

이들을 위해 금요일은 시니어의 날로 정했다. 금요일 마다 오전에 시니어 예배로 드리고, 예배 후에 식사를 비롯한 다양한 시니어 프로그램을 통해 맞춤 성경 공부, 취미 생활까지 함께할 수 있도록 배려했다. 시니어 교구가 활성화됨에 따라 기도의 용사로서 교회의 든든한 버팀목이 되고 있다.

시니어 교구의 분리와 함께 또 하나 변화를 준 것은 젊은 세대를 위한 교구를 따로 만든 것이다. 10교구를 젊은 부부를 중심으로 분리해서 공동체로 활동하도록 했는데, 자녀들의 나이가 비슷한데다 문화적 유대감이 있어서인지, 새로운 10교구는 시작과 함께 부흥을 이루었다. 함께 모여 뜨겁게 예배하고, 말씀을 공부하며 교제하는 과정 속에 믿음이 자라고 헌신을 결단하는 등 교회에 새바람을 일으키고 있다.

특별히 10교구는 젊은 교구의 특성을 유지하기 위해 어느 정도 시간이 지나면 기존의 교구로 편입되어야 하는데, 2019년에는 10교구의 여섯 가정이, 2022년에는 열다섯 가정이 기존 교구로 파송되어 잘 정착하고 있으며, 파송된 교구에 활력을 불어넣는 등 교구 파송의 좋은 영향력을 나타내고 있다. 기존 교구에서 시니어 교구로 옮긴 공백을 젊은 부부들이 이어 줌으로 전통적인 교구와 새로운 교구가 자연스럽게 하나 될 수 있었다. 이 모든 변화가 예배의 회복과 부흥을 위해 내려진 결단인 만큼, 하나님은 선한 결과를 통해 변화의 방향이 바르게 흘러가고 있음을 보여 주셨다.

하나님께서는 '지금 이대로 너무 좋다'라고 느낄 때마다 저희 가정과 10교구를 변화와 성장으로 인도하셨습니다. 교육부 소속이었던 젊은 부부가 장년부 소속의 10교구가 되며 교회 일에 참여하게 하셨고, 목자님들이 4교구로 파송을 가시며 저희 가정을 목자로 세워 주셔서 양무리 공동체를 사랑하는 주님의 마음을 부어 주셨습니다. 비슷한 연령대와 같은 고민들을 나누고 함께할 때에 위로와 힘을 얻었다면, 장년부 집사님들과 함께하면서는 지혜를 배우고 온전히 사랑받는 경험을 할 수 있었습니다. 아버지의 마음으로 사랑하며 기도하여 주시고, 아낌없는 지원과 배려로 파송을 보내는 교구로의 비전과 사명을 잘 감당할 수 있도록 저희 가정과 10교구를 이끌어 주신 담임목사님께도 감사드립니다. 하나님만을 따르고 순종을 선택하는 믿음의 가정이 되어 주님이 예비하신 희년의 축복을 누리고 증거하며 다음 세대를 세우는 일에 쓰임 받을 수 있기를 소망합니다.[31]

---

**31** 황영훈·신미연 가정(10교구) 간증문.

## ■ 만민이 기도하는 교회

"내 집은 만민이 기도하는 집이라"(막 11:17).

침례교단의 위대한 설교가로 꼽히는 찰스 스펄전(Charles Haddon Spurgeon) 목사가 메트로폴리탄 태버내클(Metropolitan Tabernacle)에서 목회하고 있을 때였다. 그의 설교가 알려지면서 많은 이들이 모여들었고, 결국 6천 석이나 되는 규모의 예배당을 건축했다. 막상 건축할 때는 6천 석을 언제 채울까 걱정도 되었지만, 염려와는 달리 완공 후 첫 주에 1만 명이 몰려왔다. 사람들은 하나님이 계속해서 그를 쓰시는 이유를 궁금해했다. 그때 스펄전 목사가 궁금해하는 사람들을 데리고 지하 기도실로 내려갔다. 메트로폴리탄교회 지하 기도실의 문을 열어 보니 400명의 중보 기도자들이 무릎을 꿇고 스펄전 목사가 설교하는 시간마다 하늘을 향해, 하나님이 역사하시도록 기도하고 있었다.

"교회 예배당에 필요한 모든 집기들, 찬양대에 필요한 모든 악기들은 기도하지 않고도 돈으로 살 수 있지만, 하늘의 기름 부으심은 기도를 통해서만 얻을 수 있습니다. 성령은 기도하지 않으면 받을 수 없고, 성령이 없는 사역은 아무것도 아니기에 오직 기도를 통해서만 우리는 영적인 축복을 얻을 수 있습니다. 기도만이 영적인 축복을 얻는 유일한 문입니다."

하나님의 자녀가 됨으로 누릴 수 있는 특권은 기도다. 여의도침례교회가 많은 이들의 기도가 모여 세워진 것처럼, 교회는 기도할 수 있는 특권을 성도들에게 늘 강조했다. 성경 공부를 통한 제자 훈련과 더

불어 성도 개개인의 기도 생활이 균형이 맞춰질 때 신앙이 성장할 수 있기 때문이다. 그렇기에 교회가 시작될 때부터 모여서 기도하는 시간을 많이 가졌다.

1970년대의 한국 교계에는 성령 운동과 함께 전도 운동이 일어나면서 구국 기도회가 많이 열렸다. 이에 여의도침례교회 역시 초교파적인 구국 기도회에 교회 차원에서 적극적으로 참여하며 기도에 동참했다. 기도의 용사들이 여의도에 빼곡하게 들어와 나라와 민족을 위해 기도했고, 국가 차원의 중요한 행사를 앞두고 있을 때는 전 교인이 모여 새벽 기도로 동참했다. 이러한 기도의 열풍은 이어져 해외 선교 사역과 함께 더욱 열기를 더했다. 해외 전도 대회를 위한 기도회, 전도를 위한 기도 등 기도 생활을 강조했는데, 그러던 중 1997년부터는 한 차원 높은 기도 훈련을 위해 교회가 나섰다.

기도 생활에도 훈련이 필요함을 인지해, 1997년 5월, 이동원 목사가 주관하는 지구촌 중보 기도 사역 훈련 본부의 '교회 내 중보 기도 사역 지도자 훈련' 세미나를 진행하며 기도 훈련을 시작했다. 교회의 교역자들이 먼저 참가해서 훈련을 받고, 훈련받은 교역자를 중심으로 제1기 중보 기도 사역 훈련생을 모집하게 되었다. 이 기도 훈련에 처음으로 참가한 성도는 모두 23명이었고, 그들로부터 시작된 중보 기도 팀이 해마다 발굴되어 지금까지도 동일한 이름으로 활동하고 있다. 기도 훈련을 받은 이들은 매주 한 시간씩 기도실에서 중보 기도를 드린다. 그 내용은 긴급 기도와 일반 기도, 환자를 위한 기도, 교회 사역을 위한 기도, 목회자 및 선교사를 위한 기도, 각 부서를 위한 기도 등 매우 다양한 주제와 기도 제목을 놓고 기도하고 있다.

2000년부터는 중보기도사역위원장을 세우고 2001년 중보기도위원회를 정식으로 발족시켜 중보 기도 사역의 활성화를 본격적으로 추진했다. 훈련을 통해 중보 기도 헌신자로 섬기는 이들이 수료자의 50퍼센트가 넘어갈 정도로 기도에 대한 간절함을 가지고 기도를 통해 많은 은혜를 나누고 있다.

중보기도위원회는 우리를 위해 기도하고 계시는 예수 그리스도를 의지하는 한편 주님과 함께 기도함으로 세계와 나라를 위해, 교회와 사역을 위해, 가정과 개인을 변화시키는 일에 동참하는 사역입니다. 주일 매 예배를 위한 중보기도팀을 운영하며 거룩한 예배를 위해 기도의 용사들이 기도로 함께 하고 있으며 이를 위해 1997년부터 꾸준히 기도훈련을 통한 헌신자들을 세워가고 있습니다. 기도야말로 영적전투의 최전선을 담당하는 일이니까요.
중보기도는 모든 성도에게 예수님께서 위임하신 중요한 사역입니다. 보이지 않는 곳에서 진행되지만 영적전쟁의 최전선이기에 너무 중요한 사역이고, 이 일을 감당하고 있음에 성도들이 큰 감사와 자부심을 가지고 있습니다.[32]

여의도침례교회는 2016년 리모델링 공사를 마친 후 원래 하나로 운영되던 중보 기도실을 남녀 기도실로 나누어 운영하고 있다. 이제는 교회 내 여러 교육 과정 중 IP(Intercessory Prayer) 아카데미 필수 과정

---

[32] 중보기도위원회 소개 글.

을 통해 중보 기도 헌신자를 훈련, 발굴해서 세계와 나라와 민족, 교회와 사역, 환우를 위한 릴레이 기도 팀을 운영하며 기도의 불이 꺼지지 않게 하고 있다. 특히 주일 1-4부 각 예배의 모든 순서마다 성령님의 임재와 말씀 선포를 통한 변화가 일어나도록 예배의 중보자로 기도의 힘을 더하고 있다.

여의도침례교회는 중보 기도실 운영뿐만 아니라 전 성도를 향한 기도의 훈련도 이어 가고 있다. 국명호 담임목사의 2기 사역이 시작되면서 기도의 방법에 있어 조금 더 균형을 맞춰 가려 노력했다. 묵상 기도 위주의 기도회를 묵상 기도와 통성 기도의 밸런스를 맞춰 성도들이 조금 더 기도에 집중할 수 있도록 방법을 열어 놓고 선택할 수 있게 하는 등 균형 있게 성숙해 가는 기도 생활을 위한 노력을 기울이고 있는 중이다. 소규모로 진행하던 금요 기도회도 본당으로 옮겨 와 찬양과 기도가 어우러지는 통성 기도회로 활성화시켜 기도의 불씨가 꺼지지 않도록, 하늘을 향해 하나님의 역사가 이루어지기를 간절히 기도하고 있다.

## ■ 말씀의, 말씀에 의한, 말씀을 위한

여의도침례교회는 개척부터 말씀에 집중한 교회다. 한기만 목사에 이어 국명호 목사까지 말씀 중심의 사역을 이어 가고 있다. 성경 공부부터 제자 훈련에 이르기까지 모두 말씀을 토대로 한 활동이며, 이는 목회자의 설교와 맥을 같이하고 있다.

40년간 교회를 이끈 한기만 목사는 간결하고 명확하고 담백한 복음의 메시지만 전했다. 이를 한마디로 '성경에 기초한 단순 명료한 메시지'라고 표현했듯이, 그는 복음과 구원에 관한 말씀에 집중했다. 오직 말씀 안에서 진리를 탐구하고 그것을 나누는 식의 말씀이었다.

한기만 목사의 설교는 설교마다의 주요한 목적을 갖는다. 설교는 인간의 필요를 채우시려는 하나님의 메시지이기 때문이다. 설교의 목적은 인간의 필요와 긴밀하게 연관된다. 모든 사람에게는 기본적인 필요가 있고 설교는 그 필요들을 채우는 주요한 목적을 지닌다. 한 목사의 설교를 분석해보면, 복음을 증거하기 위한 전도적 목적의 설교, 기독교의 진리를 깨달아 알게 하기 위한 교리적 목적의 설교, 하나님과의 교제를 풍성하게 해 주기 위한 경건적 목적의 설교, 하나님과 신자들을 위해 봉사하도록 하기 위한 봉헌적 목적의 설교, 살아가는데 필요한 하나님의 능력을 공급받도록 하기 위한 원조적 목적의 설교, 신앙을 실천하도록 하기 위한 윤리적 목적의 설교가 배분되어 있다. 원조적 설교와 교리적 설교가 비교적 적은 것은 성경공부와 제자훈련, 교회생활을 강조한 한 목사의 목회관과 연관이 있는 것으로 보이며, 윤리적 설교가 비교적 많은 이유는 그가 가정생활이나 사회생활 그리고 대인관계 등을 중시했기 때문이다. 한기만 목사는 거의 성경 중심적으로 설교했다. 예화도 지극히 제한적으로 사용했으며 성경 본문을 해석함에 있어서도 주해적인 방식보다는 경건적 연구방법으로 중심 메시지를 두드러지게 제시하여 설교를 들은 사람들은 스스로 성경을 볼 때 아주 용이하게 성경의 중심 교훈을 발견할 수 있게 된다. 또한 그의 설교는 미사여구나 현학적 표현보다 직설

적이고 간단명료한 표현을 즐겨 사용했다.[33]

실제 한기만 목사의 설교를 들은 한 목회자는 '어느 부흥사처럼 웃기지도 않고 강력한 카리스마로 사람을 휘어잡지도 않지만, 십자가 하나만으로 강력한 복음을 선포할 수 있다는 것을 보여 준 설교'였다고 회상했다.

국명호 목사로 사역이 이양되면서 말씀 중심의 목회는 좀 더 다양한 색채를 띠었는데, 설교의 전달 방식의 다양함을 꾀하며 성도들과 소통했다. 담임목사로 취임할 때부터 이슈에 적절한 시리즈 말씀 설교를 통해 주제에 대한 다각도의 접근과 다양한 말씀을 풍성히 접목하며 성경적 이해를 도왔다. 예화나 사례도 다양하게 도입했다. 새롭게 시도한 프로젝션 매핑을 효율적으로 이용해 영상 자료를 보여 주기도 하는 등 현대적인 감각에 맞춘 설교, 그러나 결코 가볍지 않은 설교였다.

2012년, 국명호 목사가 담임목사로 인준되면서 선포한 말씀은 히브리서를 토대로 한 믿음 시리즈였다. 11주에 걸쳐 하나님이 기뻐하시는 믿음이 어떤 것인지 성경에 근거해 믿음의 설교를 이어 가는 과정에서 '진짜 믿음은 바랄 수 없는 중에 바라고, 볼 수 없는 것을 보고, 할 수 없는 것을 할 수 있는 것'임을 나누었다. 또한 '믿음에 영적인 스파크가 일어나는 예배', '하나님과 동행하는 것', '구원이며 순종', '축복인 동시에 떠남', '바라봄과 영접', '증거와 경주'라는 주제

---

[33] 《오직 한 길》, '한기만 목사의 전도와 설교 사역'(이명희), 199-201.

로 히브리서의 주제라 할 수 있는 11-12장의 믿음을 나누었다.

한 구절, 한 구절을 살펴보며 구약과 신약을 연결하고, 말씀을 우리 삶과 어떻게 연결 지을 것인지 깊이 묵상해야 할 부분에 대해 성도들과 함께 반응하는, 소통하는 설교였다. 또한 주일의 설교를 평일에 진행하는 경건 말씀과도 연결 지어 성도들로 하여금 말씀의 연결성을 느끼도록 했다.

믿음으로 아벨은 가인보다 더 나은 제사를 드렸습니다. 하나님은 믿음으로 드리는 예배를 기뻐하십니다. 믿음이 없이는 하나님을 기쁘시게 할 수 없다고 했는데, 이 믿음이 무엇입니까? 지난주 목요일 경건 말씀이 사무엘하 8장이었지요? 사무엘하 8장 4절 말씀을 보면, "그에게서 마병 천칠백 명과 보병 이만 명을 사로잡고 병거 일백 대의 말만 남기고 다윗이 그 외의 병거의 말은 다 발의 힘줄을 끊었더니"입니다. 다윗이 블레셋, 모압, 수리아, 아람과 전쟁을 하는데 병거 백 대의 말만 남기고 말 발의 힘줄을 끊었다니요? 이 당시 말은 군사력을 의미합니다. 전쟁 중에 한 마리의 말이 더 필요한데 오히려 말의 힘줄을 끊었다는 것은 쓸모없는 말이 되었다는 의미입니다. 왜 그렇게 했을까요? 다윗이 절대적으로 하나님만 의지하겠다는 말씀입니다. 여러분, 하나님을 붙잡기 위해 우리가 끊어야 할 것은 무엇입니까? 담배요? 끊어야죠. 기도하면서 담배 피울 수는 없잖아요. 물론 담배 피우는 사람도 기도할 수는 있지만, 믿음의 능력을 경험하기 위해서는 끊어야 합니다. 도박, 알코올중독, 게임중독 외에도 다 끊을 것입니다. 모든 악한 것을 끊기를 축원합니다.[34]

---

[34] 국명호 목사, 주일 예배 설교 '믿음은 예배입니다'(히 11:4), 2012년 6월 17일.

교회의 리모델링 공사를 진행하는 과정에서도 국명호 담임목사는 성경 속에서 건축된 성전에 대한 말씀을 나누며 하나님의 성전을 건축하는 것이 왜 중요하고, 어떤 의미가 있는지에 대해 나누었다. 무너진 예루살렘 성전의 성벽이 느헤미야에 의해 52일 만에 완공되고, 이 건축을 통해 하나님이 무너진 이스라엘 백성의 영성을 다시 세우시는 과정을 느헤미야와 학개서를 바탕으로 설교해서 은혜와 도전을 주었다. 특히 말씀을 통해 오늘날 성도들에게 어떻게 적용할지를 나누며 성전의 리모델링과 함께 영적인 리모델링을 연결 지어 신앙의 적용으로 이어 가는 등 성도들의 삶과 신앙을 말씀을 통해 재점검하는 계기로 삼았다. 2015년, '함께 세우는 교회'라는 목표를 세우고 시작한 '영적 리모델링' 시리즈 설교는 눈앞에서 성전이 리모델링되는 과정을 지켜보던 성도들에게 훨씬 현실적으로 다가갔다.

느헤미야의 성벽 재건의 역사가 수문 앞 광장에서 말씀을 통해 영적인 대부흥이 일어난 사건으로 마무리된 것처럼, 궁극적으로는 영적인 리모델링이 필요함을 나누었다. 특히 교회에 대한 새로운 인식을 강조해, 교회는 영적인 가정과 같은 곳으로서 예수님 안에서 혈연 공동체요, 운명 공동체요, 비전 공동체임을 깨닫기를 부탁했다. 때때로 이를 방해하는 요소로 교회라는 포도원을 무너뜨리는 작은 여우를 조심해야 한다는 경고를 통해 교회 안에서 끼리끼리 문화, 당을 짓는 일을 경계해 교회의 존재 목적이 영혼 구원임을 깨달아 이 땅에 빛과 소금으로 파송된 자들로서 사명을 위해 살아야 함을 강조했다.

여러분, 영적으로 함께 세워 가는 교회가 되기 위해서는 진정한 팔로워십(Followership), 순종하는 믿음이 있어야 합니다. 순종과 믿음은 양면과도 같아요. 순종은 하나님의 말씀에 믿음으로 반응하는 것이고, 말씀에 대한 믿음 있는 반응이 곧 순종입니다. 우리는 이 땅에 사는 동안 여리고 성을 만날 수밖에 없지만, 그때 우리가 할 수 있는 것은 인간적인 방법을 선택하지 않고 하나님의 방법을 선택하는 것입니다. 포기하지 않고 끝까지 믿음으로 순종하는 영적인 리모델링을 통해 심령이 새로워질 수 있고 하나님이 하시는 일을 바로 볼 수 있을 것입니다. 우리, 그렇게 합시다.[35]

2017년을 시작하면서 여의도침례교회는 '개혁하는 교회'라는 캐치프레이즈에 맞는 직제 개편 등 다양한 변화를 시도했다. 특히 기존의 제도를 수정, 보완하는 직제 개편이라는 사안을 앞두고 국명호 담임목사는 개혁을 주제로 한 설교를 준비했다. 그해는 종교 개혁 500주년을 맞이하는 해이기도 했으며 하나님이 인정하시는 개혁을 위해 오랜 시간 기도했기에, 설교를 통해 성도들과 만나며 개혁의 당위성을 나누었다.

국명호 담임목사는 종교 개혁 500주년을 맞아 초대 교회부터 믿음을 지켜 온 순수한 신앙의 뿌리에서 전통을 이어 온 개신교의 역사를 언급하며 정교 분리 사회를 이룰 수 있도록 공헌한 루터(Martin Luther)와 츠빙글리(Ulrich Zwingli), 칼빈(John Calvin)의 종교 개혁의 의미와 가치를 말했다. 오직 성경, 오직 믿음, 오직 은혜라는 슬로건으로 타락한

---

[35] 국명호 목사, 주일 예배 설교 '영적 리모델링 5'(수 6:10-16), 2015년 7월 26일.

중세 교회에 개혁의 깃발을 든 루터의 종교 개혁은 '오직 의인은 믿음으로 말미암아 살리라'라는 이신칭의의 기독교 진리를 중심으로 한 교회의 본질로 돌아가자는 운동으로, 교회는 날마다 새로워져야 하는 현재 진행형임을 말했다.

루터와 칼빈과 함께 종교 개혁의 3대 인물로 불리는 츠빙글리의 개혁을 말씀을 통해 나누면서, 궁극적인 개혁의 목적은 복음이 우리를 자유롭게 하는 것이듯, 근본적인 개혁은 하나님께서 주신 복음의 본질인 죄와 사망으로부터 자유롭게 하기 위함임을 강조했다. 또한 진정한 개혁은 자기 자신을 부인하고 십자가를 지고 따르는 낮아짐이 전제되어야 한다는 강조도 잊지 않았다.

말씀을 통해 회심을 경험한 칼빈의 종교 개혁에 대해 언급하면서는, 하나님의 예정에는 선택의 자유가 있지만 거기에는 책임이 따른다는 것을 말했다. 특히 칼빈을 통해 갈라진 이들이 침례교인이 된 배경을 언급하며 침례교의 침례가 왜 성경적인지, 당시 유아 세례가 어떤 의미를 갖는지에 대해 성도들과 진솔히 나누었고, 나아가 직제 개편에 대한 당위성도 거론했다. 국명호 담임목사는 성경적인 직분으로 직제를 개편하는 것에 대해 동의를 구했고, 성도들은 말씀 속에서 모든 것이 이루어졌음을 공감했기에 교회에서 행하고자 하는 개혁에 적극적으로 동참했다.

이렇듯 국명호 담임목사의 2기 사역과 함께 여의도침례교회는 더욱 말씀의, 말씀에 의한, 말씀을 위한 예배가 되어 갔다. 이는 시간이 지날수록 목회의 절대적 원리 원칙으로 행해지고 있으며, 이러한 배경에 의해 직제 개편을 통한 개혁도 담대히 이어 갈 수 있었다.

## ■ 직제 개편을 통한 회중 정치의 실현

교회에 계급이 존재할 수 있는가? 교회의 머리는 예수 그리스도이며 교회는 신앙 공동체로서 예수 그리스도의 몸을 이루는 지체의 모임이다. 전 신자 제사장주의에 근거해 예수 그리스도만이 유일한 권위자이며, 그 속에 어떤 계급적인 권위도 인정할 수 없다. 이것이 침례교의 기본 정신이다. 다시 말해, 어떠한 인간적인 권위에 의해서도 지배할 수 없고 지배받아서도 안 된다는 하나님의 절대 주권을 인정한다.

침례교의 또 하나의 정신은 회중 정치로서, 어떤 지체도 혼자만의 중요성을 갖는 것이 아닌, 모든 지체가 서로를 위해 각각의 가치를 지니고 있기에 모든 성도가 교회를 이끌어 간다. 이는 종교 개혁 당시 가장 성경적인 것에 대한 고민으로부터 침례교단이 기인하면서 정립된 정신이기도 한데, 이러한 정신을 통해 알 수 있듯이 침례교단은 교회 내 계급이나 권위를 인정하지 않고 평등한 신앙생활을 추구한다.

그런 까닭에 침례교단의 직분은 장로교나 감리교 등 다른 교단에서 시행되는 직분 제도와는 사뭇 다르다. 침례교 총회 규약 1장 총칙 제3조 구성을 보면 다음과 같다.

> 본회는 침례교회의 이상과 주장 및 본 규약의 전문의 정신에 찬동하며 규약을 준수하는 가입 침례교회들로 구성한다.

그 침례교회의 이상과 주장 내용 중에 4항을 보면 직분에 대해 이렇게 규정한다.

교회의 직분은 목사와 집사로서, 이들은 교회를 섬기는 이들이다.

이 조항에서도 알 수 있듯이, 교회의 직분은 가르치는 직분을 대표하는 목사와 섬기는 직분을 대표하는 집사로 나뉜다. 이는 직분의 계급화를 반대하는 침례교 정신이 녹아 있기 때문이다. 그렇기에 여의도침례교회 역시 창립할 때부터 섬기는 직분으로서의 집사를 세우고 그들을 중심으로 교회 일을 섬겨 왔다. 그런데 한국 교계에서 초교파적으로 연합 사역을 하다 보니 다른 교단과 직분의 명칭이 다른 데서 오는 불편함이 있었다. 다른 교단에서는 성도의 대표로 장로가 세워지는 데 반해 침례교단은 안수 집사가 성도를 대표하고 있기에 명칭의 차이뿐만 아니라 동등한 위치에서 일을 하는 데 제한이 있었던 것이다. 또한 장로직제를 인정하지 않아 교회 부흥에 걸림이 되어 온 현실적인 문제까지 거론되면서 오랜 고민 끝에 침례교단 측에서 나섰고, 결국 2008년 총회를 통해 침례교의 호칭 장로제가 허용되었다. 원래는 안수 집사이지만 호칭으로 장로로 부르는 것을 인정한 것이다. 물론 침례교단은 개교회주의이기에 각 교회별로 상황에 맞게 선택하도록 했고, 여의도침례교회는 호칭 장로를 도입했다.

호칭 장로가 도입되면서 대외적인 활동에 있어 제약을 덜 받는다는 피드백이 들려오기도 했지만, 2대 사역이 시작되는 시점을 지나면서 조금씩 문제가 생기기 시작했다. 신자의 자유와 제사장 직분에 근거하는 침례교의 이상과 정신에 어긋나는 일이 생겼고, 언제부터인가 담임목사가 인도하는 실행위원회에서 장로가 목사를 견제하는 직분이라는 말까지 나오게 되었다. 대부분 훌륭하고 존경받을 만한 직분자였지만 극소수의 잘못된 생각이 틈을 만들기 시작한 것이다. 이에 국명호 담임목사의 여러 차례의 이해와 설득의 과정이 이어졌다. 침례교가 지닌 교리와 정신과 이상에 근거해서 직분에 대해 잘못 이해하고 있는 부분을 여러 차례 이야기했으나 결국 받아들이지 않은 소수의 사람들이 교회의 어려운 문제가 해결되는 과정 가운데서 윤리위원회를 통해서 정리 되었다.

국명호 담임목사는 이런 어려운 상황을 겪으며 하나님께 지혜를 구했고, 하나님이 기뻐하실 방향에 대해 고민했다. 이와 함께 타 교단은 장로 제도를 어떻게 운영하는지 파악하고, 침례교단에 속한 다른 교회의 직제 운영 등을 함께 공부하면서 여의도침례교회의 실정에 맞는 직제로 규정할 것을 결정했다.

2017년, 종교 개혁 500주년을 맞이해서 교회 3개년 목표를 '개혁하는 교회'로 선포했다. 전 성도를 향해 오늘날의 침례교가 어떠한 종교적 개혁을 통해 시작되었는지 그리고 그 개혁이 하나님의 뜻을 좇고자 하는 뜨거운 의지였음을 말했다. 이는 직제 개편을 통한 개혁의 신호탄이기도 했다.

국명호 목사는 개혁이라는 단어가 갖는 의미가 기존의 체제가 허용하는 범위 안에서 모순을 제거하는 것인 만큼, 직제 개편은 기존의 제도 안에서 문제점을 최소화하는 범위에서 진행했다. 침례교의 정신은 그대로 유지하되 훌륭한 장로들로 존경받을 수 있도록 하는 장로 직제를 위해 당시 직제를 유지하면서 가장 문제가 되었던 점부터 개선하기로 했다. 기존의 제도를 볼 때 교회의 실행위원회를 구성하는 안수 집사(호칭 장로)들이 70세까지 운영하는 정년제가 되니, 봉사를 쉬고 있는 가운데서도 결의권을 행사하는 일이 있었다. 그런데 막상 부장으로 헌신하고 있는 이들이 결의권이 없어 부장들의 참여가 적은 실행위원회가 될 수밖에 없었다.

　이 문제를 지혜롭게 해결하는 것이 관건이었다. 이에 임기의 제한을 통해 보다 젊은 사람들이 교회 중직으로 사역에 적극적으로 참여시키되, 자칫 경직된 조직이 아닌 실무적 운영이 가능한 조직으로 운영할 수 있도록 했다. 우선 실행위원회 정년을 담임목사의 정년인 65세에 맞추어 활동하도록 했고, 임기 4년에 1회 연장 가능한 최대 8년의 임기제로 변경했다. 실행위원회의 수는 교회 제직 100명당 1명을 기준으로 원만한 회의 진행을 위해 30명 내외로 선출하되, 이때는 안수 집사로 사역을 하다가 65세 전 임기 4년 혹은 8년이 되어 결의권을 넘겨 줄 때 장로로 호칭하도록 했다. 실행위원회의 결의권은 65세로 최대 8년으로 정했지만 교회의 사역은 만 70세까지 할 수 있도록 했고, 고령화에 맞추어 70세가 넘어서도 할 수 있는 교회 사역의 길을 열어 두었다.

　이렇게 정년제를 도입하고 연령에 따른 직분의 호칭을 구분 지은 것은 직분을 계급화 하는 부작용을 미연에 방지하고, 보다 많은 젊은 층들이 교회 사역의 현장에서 뛸 수 있는 기회를 주기 위한 교회의 의지였다. 또한 성경적으로 가르치는 직분과 섬기는 직분으로서 가장 침례교적인 정신에 부합하는 직제 개편을 하고, 기존의 호칭 장로에 대한 의미를 보다 명확하게 정리할 수 있는 길을 찾은 것이다.

　한국 침례교회의 대표적 교회인 여의도침례교회의 안수집사 직분에 대한 성경적 원칙을 회복하고 지켜나가려는 헌신은 종교 개혁적이며 매우 침례교적인 것입니다. 17세기 영국 성공회를 탈퇴하여 성경적 교회를 회복하고자 했던 침례교 선조들은 교회의 영원한 헌법이라 할 수 있는 신약 성경이 두 가지 교회의 직분을 제시하고 있음을 보았습니다. 목사와 집사 직분입니다. 목사는 때로 장로 혹은 감독이라 불렸고 성도를 말씀으로 목양하며 교회의 행정적 책임을 감당하는 직분자입니다(행 20:28; 딤전 3:1; 딛 1:5, 7; 벧전 5:1-4). 반면 집사는 목사의 동역자요 조력자로서 목사와 사역의 팀을 이루는 교회의 종들로 이해되었습니다(행 6:1-6; 딤전 3:8-13; 빌 1:1). 장로이자 감독으로서의 목사와 집사의 직분 제도는 400년 동안 지속된 영국과 미국의 침례교회 신앙 고백서 안에서도 확증된 것입니다.

반면 목사와 집사 사이에 치리 장로와 같은 중간 직분에 대해 성경은 어떤 분명한 가르침이나 암시도 없음에도 문화적 사회적 필요에 의해 호칭장로가 도입되며 안수받은 집사의 성경적 역할을 약화시키는 결과를 초래하게 되었습니다. 또한 호칭장로제도가 점점 장로교회의 당회처럼 변하여 목회자를 감독하거나 견제하는 정치세력으로 변질 될 위험도 가지고 있음을 여러 침례교 신학자들이 지적해 왔습니다. 이미 보편화된 전통을 성경적 원리에 맞게 수정하는 것은 매우 어려운 일입니다. 이런 상황에서 침례교회의 본질적 사명을 회복하고, 성경적 안수집사 직분의 실행을 단행한 여의도침례교회의 개혁은 한국 침례교회에 좋은 모델이 될 것입니다.[36]

또 하나 변화를 준 것은 만 70세를 새롭게 장로로 세울 수 있도록

---

[36] 조동선(한국침례신학대학교 조직신학과 교수), '여의도침례교회 50주년 기념 축하 메시지'에서 발췌.

한 것이었다. 이는 엘더(Elder)로서의 장로 개념을 세운 것으로, 비록 젊을 때 안수 집사로 세워질 기회가 닿지 않아 직분을 받지 못했지만 장로로서 존경받기에 흠 없는 이들을 만 70세가 되었을 때 장로로 세우는 것이다. 이는 현재 권사 제도가 교회 내에서 잘 자리 잡은 것의 연장선상이기도 하다. 여의도침례교회는 교회에서 존경받을 기도의 어머니를 만 70세에 권사로 세운다. 초창기부터 교회를 섬기며 모든 사역을 잘 감당해 온 이들이 지금은 권사로서 뒤에서 기도하며 집사들을 도와 사역하고 있기에, 만 70세에 장로를 세우는 것도 그동안 교회를 섬긴 공로를 인정하고 계속 시니어로서, 엘더로서 도와주는 역할을 해 주기를 기대하는 마음이다.

> 직제 개편에 대한 성도들의 반응은 호의적이었습니다. 이 직제를 개편하는 취지는 젊은 분들에게 왕성하게 일할 수 있는 기회를 더 많이 주자는 것이었기에 대부분 찬성했던 것입니다. 우리 침례교인들은 직분에 대해 가르치는 직분인 목사, 섬기는 자인 집사 두 가지로 구분된다는 기본 원칙을 공감하고 수용하고 있기에, 우리 교회가 직제 개편을 통해 실제적으로 사역을 더 효율적으로 하고자 한다는 의지를 받아들인 것이라고 생각합니다.[37]

오래전부터 국명호 담임목사의 구상과 함께 시작된 직제 개편은, 다양한 의견의 청취와 교회 제직회 및 사무처리회를 거친 후 2021년

---

[37] 박찬규 장로(2020년 직제 개편 시 장로 회장) 인터뷰.

에 통과되어 2022년은 개편된 직제로 출발할 수 있게 되었다. 꽤 오랜 시간이 걸린 만큼 중요한 사안이었기에 최대한 자연스럽게, 최대한의 이해와 동의를 구하며 진행했고, 교회 창립 50주년을 맞는 2022년 16명의 안수 집사를 임명하며 새롭게 시작했다.

여의도침례교회의 직제는 침례교단에서 정한 목사와 집사의 직분을 인정하되, 권사와 장로는 교회의 시니어 또는 엘더로서 의결권이 아닌 사랑권을 갖는 직분으로 세워, 세대가 연합해 하나 되는 교회를 지향하며 나아가고 있다.

## 6

# Only Jesus
# : 오직 예수의 이름으로

■ **전하라, 전하라, 전하라!**

"누가 초인종을 누르기에 나가 보니 목사예요. 가까운 곳에 교회가 있어서 예배에 한 번 참석했을 뿐인데 어떻게 집을 알고는 찾아온 겁니다. 그때 목사님께 복음의 메시지를 듣고 꼼짝없이 붙들려 여의도침례교회 성도가 되었습니다."

한 원로가 전한 하나님을 믿고 여의도침례교회에 출석하게 된 배경이다. 이 스토리는 비단 그 한 사람에게만 해당하는 것이 아닌, 성도 대부분의 이야기이기도 하다. 이는 교회가 시작되면서부터 행해진 열정적인 복음 전파와 전도 덕분이다. 적은 인원으로 시작한 교회는 말씀을 통한 회심으로 성령을 체험한 이들의 영혼 구령의 사명으로 불탔는데, 이들은 여의도 일대의 가가호호를 방문하며 전도지를 돌리거나, 사람들을 직접 만나 예수를 전했다.

한기만 목사는 성도들에게 성경 공부를 통한 양육뿐만 아니라 전도에 대한 훈련도 병행했다. 전도 훈련은 CWT라는 미국 남침례교단의 전도 프로그램으로, 연쇄 전도 훈련이라고 불리며 침례교인들의 전도를 도왔다.

연쇄 전도 훈련의 내용은 전도 폭발 훈련과 비슷하며, 복음 전도자 훈련으로 강화되어 실시되었다. 총 다섯 단계로 진행되는데, 1단계는 상대방과 접촉점을 찾는다. 가족이나 관심사, 종교적인 배경 등 다양한 이야기를 통해 접촉점이 있는지를 찾아내면, 예수를 전하는 전도자가 어떻게 예수를 믿게 되었는지 간증을 하며 상대방에게 구원의 확신이 있는지를 묻는다. 확신을 가지고 있다면 그 자리에서 기도하고 격려하며 만남을 마무리하지만, 그렇지 않다면 복음을 제시한다. 인간의 죄성과 하나님의 완전하심, 우리의 죄를 구원하기 위해 예수님이 이 땅에 오시고, 죽으시고, 부활하심으로 영생을 얻게 되었다는 복음을 받아들일 때 4단계로 넘어가 결신하도록 한다. 결신을 위한 질문을 통해 자신의 죄를 회개하고 주를 영접하도록 하며, 거절하면 기도하고 마친다. 마지막으로 결신한 신자를 위한 기본적인 신앙 양육을 통해 신앙이 바로 세워져 가도록 돕는다.

여의도침례교회 성도들은 이 연쇄 전도 훈련을 통해 전도 운동에 누구나 열심이었고, 이를 통해 초기에 폭발적인 양적 성장이 이루어졌다. 물론 미국 대통령의 방문 등 대외적인 이슈가 맞물리며 교회의 위상이 올라간 덕에 배가의 성장이 계속되기도 했지만, 그 이면에는 복음 전파에 대한 교회와 성도들의 열심과 사명감이 있었다.

이러한 전도의 열기는 이어져 갔다. 1980년대 중반까지 이어졌던 한·미 전도 대회는 교회의 부흥에 크게 기여했다. 해마다 가을이면 미국에서 평신도 전도 팀이 교회를 방문했는데, 그들의 목적은 오로지 하나, 복음의 전파였다.

한·미 전도 대회라 불렸던 이 대회는 1973년에 처음 열렸는데, 미국 침례교단의 목사와 평신도가 자비량으로 그들이 교육받은 전도 훈련을 한국에 그대로 가져와서 함께 복음을 전하는 시스템이다. 복음을 향한 그들의 열정은 고스란히 성도들에게 전달되었다. 언어도 문화도 서툰 한국 땅에 오로지 복음을 전하고자 오는 그들의 섬김과 헌신은 성도들에게 도전이 되었다.

미국 팀은 주로 텍사스, 뉴멕시코, 콜로라도 주 등에서 왔으며, 목사와 남녀 평신도 약 20여 명으로 구성된 헌신된 교인들이었다. 전도 대회가 시작되면 그 기간 중 여의도침례교회 성도들과 그들이 팀을 짜서 활동했다. 보통 미국인 1인과 교인 중 통역자 1인, 성도 2인으로 한 팀이 짜이면 미리 약속된 전도 대상자를 위해 기도하고 가정과 직장을 찾아갔다.

"안녕하세요. 여의도침례교회에서 나왔습니다."

"아… 어쩐 일이세요? 그리고 이 외국인들은 누구세요?"

"놀라지 마세요. 미국 교회에서 전도를 돕기 위해 오신 분들이에요. 잠깐 시간을 내 주시겠어요?"

"그러세요. 들어오세요."

그 뒤부터 전도 팀은 바로 복음을 한 단계씩 전했다. 외국인과 팀을 짜서 전도할 때와 평소가 다른 것은 없었다. 늘 최선을 다했고 열매도 거두었지만, 하나님은 외국인들과 함께 전도 대상자를 만날 때 특별하게 역사하셨다. 한국인끼리 만났을 때는 단도직입적으로 복음을 제시하는 것이 쉽지 않은 반면, 외국인이 전도할 때는 통역을 통해 꼭 필요한 말만 하기에 오히려 전도 대상자가 집중할 수 있었다. 특히 이곳까지 자비로 헌신하며 건너온 이들은 오랫동안 기도하며 전도에 필요한 성경 말씀을 충분히 익힌 상태였기에, 전도하는 자세가 매우 겸손하고 성실했다.

"오늘 이야기를 들어 보니 어떠셨습니까?"

"네, 예수가 어떤 분인지 알 것도 같고 아닌 것도 같아요."

"단번에 알 수는 없지요. 저녁에 교회에서 집회가 열리는데 와서 말씀을 들어 보시겠어요? 아마 좀 더 이해가 되실 거예요."

일단 복음의 씨앗을 뿌리면 놀랍게도 저녁 집회에 참석해서 은혜받고 성도가 되는 일들이 일어났다. 특히 남성 전도 대상자들은 쑥스러워서 그런지 그 자리에서 예수를 영접하지 못하는 경우가 많았는데, 그때 뿌려진 복음의 씨앗이 언젠가 결실을 맺어 교회에 나오는 결과로 이어지곤 했다.

한·미 전도 대회는 여의도침례교회의 전도 운동에 분명한 윤활유가 되었다. 외국인과 합동하는 전도 대회에 대해 부정적인 생각을 하는 이들도 있었으나, 하나님의 생각은 사람의 생각과는 다르다. 한·미 전도 대회가 진행되는 전도 집회를 통해 결신자 초청 시간마다 수십 명이 앞으로 걸어 나오는 놀라운 광경이 펼쳐졌기 때문이다.

여의도침례교회의 전도 훈련은 2000년대를 거치면서 조금씩 방향을 전환했다. 해외 선교에 집중적으로 동참하면서 해외 동포, 교민, 현지인들에게 복음의 씨앗을 뿌렸고, 현지에서 결신하는 이들을 위해 양육 훈련까지 제공하며 복음의 씨앗을 가꾸었다. 해마다 두세 차례는 해외 선교지로 선교 활동을 가면서 열방에 복음을 전하는 일에 동참했고, 그로 인해 거둔 기쁜 열매를 맛보며 복음의 지경을 넓혀 갔다.

국내 전도 훈련 프로그램에도 변화가 생겼다. 연쇄 전도 훈련으로 불리던 CWT 프로그램이 FAITH 훈련으로 변화를 꾀하며 시대에 맞도록 보완되었다. FAITH라는 단어 자체에 '믿음'이라는 의미도 들어 있지만, 한 글자, 한 글자에 담긴 의미를 종합해 보면 오직 죄를 회개하고 예수를 믿어야 천국을 얻을 수 있음을 의미하고 있다. 이를 좀 더 풀어서 설명하자면, 천국에 가기 위해 또는 구원을 얻기 위해서는 용서(Forgiveness)가 필요한데, 이 용서는 모두에게 유효(Available)하지만 죄가 있을 땐 불가능(Impossible)하기에, 이 죄를 회개(Turn)할 때 우리는 용서받을 수 있고, 그렇게 함으로 우리는 천국(Heaven)을 소유할 수 있다는 순서로 복음을 전한다.

한기만 목사에 이어 국명호 목사 역시 만민에게 복음을 전파하는 성도의 복음의 사역을 중시하기에 전도 훈련에 대한 교회의 역할을 강조하며 성도들을 훈련했다. 다만 시대적 상황이 변함에 따라 전도의 대상, 만남의 장소, 접촉의 방법 등을 유연하게 바꾸며 복음을 전하고 있다. 특히 관계 중심적인 전도로 방향이 바뀜에 따라 어떻게 올바른 관계를 맺어야 하는지에 초점을 맞추어 말씀에 대한 선호와 제자 훈련, 전도 훈련이 이어지도록 하고 있다.

가장 가까운 가족과의 올바른 관계를 통해 신앙생활이 계승될 수 있도록 훈련해 가정 안에서 전도가 이루어질 수 있도록 하고, 일터 혹은 각자의 자리에서 그리스도인으로서 본이 되어 복음이 전해질 수 있도록 일상생활에서의 전도 훈련의 중요성을 강조한다. 무엇보다 일회성에 그치지 않고 태신자 전도를 통해 부활 주일부터 10월 VIP 새생명 축제까지 지속적인 전도를 위해 복음을 전하고 사랑의 섬김을 훈련하는 등 FAITH 전도를 통해 부흥을 이어 가는 중이다.

새생명 축제(2018년)

저는 천주교 신자로 성당을 다니다가 대학에 들어가 믿지 않는 이들과 어울리면서 신앙과 멀어졌습니다. 세상적인 기쁨, 세상적인 부를 중요시했으며 교회에 대한 좋지 않은 선입견까지 갖게 되었는데, 이스라엘 선교사로 사역하신 부모님 슬하에서 자란 크리스와 결혼한 후 큰 어려움을 당하게 되면서 회개하고 주님과 만나게 되었습니다. 그럼에도 구원의 확신은 없었는데 얼마 뒤 담당 목자님을 통해 FAITH 전도 훈련 방식에 따라 영접 기도를 따라하게 되었고 그 순간 저도 모르게 주님께 구원받아 꼭 천국에 가고 싶다는 생각이 간절히 들었습니다. 그 이후 침례를 받았을 땐 주님의 자녀로 다시 태어났다는 성령의 충만함으로 가득 찼고 구원의 확신을 얻을 수 있었습니다. 개인적인 고난도 하나님께서 이겨 낼 힘을 주셨고 해결해 주셨기에 이제는 주님께 더 순종하고 주님이 기뻐하시는 삶을 살겠다고 다짐하며 나아갑니다. 제가 받은 은혜를 가족에게 전하며 온 가족이 구원을 받았기에 앞으로도 구원받지 못한 가족, 친구들에게 복음을 전하는 것, 구원의 기쁨을 전하는 사명을 다할 것입니다.[38]

## ■ 중앙아시아에 세운 최초의 침례신학교

여의도침례교회 하면 많은 이들이 가장 먼저 떠올리는 것이 해외 선교다. 그만큼 제1대 한기만 목사가 주력했던 것이 선교 사역이었고, 한국 침례교단뿐 아니라 한국 교계에 있어 선택과 집중의 해외 선교

---

38 전희진 성도 간증문.

의 본으로 손꼽히고 있다. 1990년, 소련 전도 대회로부터 시작된 중앙아시아 선교라는 꿈이 성도들에게 심어진 이후로 여의도침례교회의 선교는 중앙아시아 선교에 집중되었고, 많은 열매를 맺었다.

중앙아시아 지역의 나라인 카자흐스탄에 74개 교회가 세워지고, 키르기스스탄에 28개 교회, 우즈베키스탄에 8개 교회 외에도 현지에 많은 교회가 세워졌다. 그렇게 세워진 110여개의 교회들은 현재 중앙아시아 침례교 총회로 구성되어 활발히 지역 선교를 해 나가고 있다.

이러한 해외 선교가 더욱 의미 있는 것은, 개교회 차원의 선교를 넘어 한국 침례교단과 연합해 교단 차원의 해외 선교의 문을 열어 함께 협력하며 성장했다는 것이다. 이는 교단과 교회가 적극적으로 연합하되 국제 침례교로부터 받은 선교의 유산을 한국적으로 발전시켜 현지에 적용했기에 가능한 일이었다.

한국침례교 해외선교의 중앙아시아 사역의 특징은 교회 개척 사역, 신학교 사역을 통한 현지 지도자 양성, 현지교회/총회와의 협력 사역을 들 수 있다. 특히 여의도침례교회의 중앙아시아 침례신학교에 대한 헌신은 세 부분으로 나눌 수 있다. 첫째, 현지 담임 목회자들의 사역 지원 둘째, 현지 단독 목회자 연장 교육 실시 셋째, 신학교 및 목회자 세미나 강사진을 선별하여 보내는 사역을 담당하고 있다. 현지인에 의해서 신학교가 자립할 때까지 재정지원은 필수적이다. 여기에 여의도침례교회의 헌신이 돋보인다.[39]

---

[39] 주민호, <아름다운 협력 '교회와 교단 선교사, 그리고 현지교회' - 한국 교회 침례교를 중심으로 한 중앙아시아 선교> 논문 참고.

논문에서 밝혔듯, 여의도침례교회는 중앙아시아 해외 선교에 집중적으로 전력하면서 교회 개척과 현지인 목회자를 양성해서 사역을 이양하는 선교 전략을 펼쳤기에, 재정적인 지원뿐만 아니라 신학교 사역에도 큰 관심을 쏟으며 함께했다.

현지에 신학교를 세우는 것은 쉬운 일이 아니었다. 그럼에도 현지 선교사들의 기도와 헌신과 노력으로, 비록 건물이 없이 이동 신학교를 운영해야 하는 시스템이었지만, 이러한 가운데 여의도침례교회는 신학교의 모든 재정을 지원했을 뿐 아니라 신학교를 졸업한 학생들이 교회 사역을 할 수 있도록 전폭적으로 지원했다.

그러던 중 2005년, 하나님의 은혜로 선교에 헌신하고자 하는 성도의 헌신이 더해져 드디어 중앙아시아 침례신학교(이하 중침신)의 건물을 마련할 수 있게 되었다. 긴 시간 동안 신학교의 자체 건물이 없어 알마티중앙교회 모자실에 세 들어 공부하기도 하고, 감옥과도 같은 현지 마약 치유 센터에서 공부하기도 하며 옮겨 다니는 시절을 마감했다.

하지만 이후에도 한 차례 어려움은 다가왔다. 카자흐스탄이 새 종교법을 준비하면서 모든 교회는 재등록해야 한다는 법령이 공표되었는데, 당시 탈가르에 위치한 중침신이 정부의 타깃이 되어 철저한 감시 아래 들어가게 되었다. 이에 논의한 끝에 알마티로 옮기기로 결정한 뒤 바얀아울 신학교 건물을 매입해 2008년, 그곳에서 중침신을 새롭게 시작할 수 있었다.

여의도침례교회는 현지인에게 복음을 전하는 사역과 함께 현지인 목회자를 세우는 중침신의 역할을 중요하게 생각해 최선을 다해 지원했다. 이러한 선교의 기조는 국명호 담임목사 체제로 사역이 이양

중앙아시아 침례신학교 수업하는 모습(2020년)

된 뒤에도 계속 계승되었다.

그런데 국명호 담임목사가 부임한 지 얼마 되지 않았을 때 어려움이 발생했다. 어느 날, 중앙아시아 현지에서 전화가 걸려 왔다.

"목사님, 문제가 생겼습니다. 카자흐스탄에서 종교법 개정안이 통과되었는데, 아무래도 기독교를 제한하려는 것 같습니다."

이야기를 들어 보니 정부 차원에서 기독교를 제한하기 위해 종교법을 개정했는데, 국가에서 인정하는 정식 학위가 없는 목회자들은 목회를 할 수 없게 만든 것이다. 당시 중침신의 가장 큰 문제는 졸업생들에게 학위가 있는 졸업장을 줄 수 없다는 것이었다. 한국침례신학대학교 총장과도 여러 차례 만나 방법을 강구했지만 뾰족한 수가 없었다. 학위증을 받기 위해서는 카자흐스탄 교육부에서 신학교 인가를 받아야 하는데, 사실상 불가능한 상태였던 것이다.

이런 상황에 종교법까지 바꾸면서 선교 사역을 제한하겠다는 방해 앞에 모두가 기도하며 지혜를 구했다. 그때 해외 학교와 자매결연을 맺고 그 신학교의 수료증을 받게 하자는 묘안이 나왔다. 이에 국명호 담임목사를 비롯한 현지 사역자들이 해외 침례신학교와 접촉해서 자매결연을 추진했고, 그 과정에서 처음에는 남침례신학대학교(The Southwestern Baptist Theological Seminary)와 MOU를 맺었다.

　학위 문제와 함께 진행한 것은 학업 환경의 개선이었다. MTS 과정을 추진하면서 학위 문제도 문제였지만, 현재 학부 학생들이 사용하고 있는 비좁은 강의 공간에서 대학원 과정까지 시작할 수는 없었다. 이에 신학교 MTS 과정을 위한 대학원 건물로 알마티 학부 신학교 옆 건물을 구입하고 리모델링 비용을 지원하며 새롭게 단장하도록 도왔다. 이로써 강의 시설 및 온라인 시스템을 갖춘 교육 환경이 마련되었는데, 이는 모두 중앙아시아 선교의 미래를 이끌어 갈 지도자를 후원하고 돕는 마음의 발로였다.

　하지만 처음에 의도한 대로 남침례신학대학교의 MOU는 진행되지 못했다. 그 학교의 규정을 준수하며 학위를 줄 수 있는 상황이 되지 못한 것이다. 또다시 사안은 원점으로 돌아갔고, 더욱 어려워진 상황 속에서 모두가 기도하며 방법을 찾던 중 다행히 몰도바 침례신학교와 MOU를 맺고 학위를 줄 수 있게 되었다. 마침내 중앙아시아 침례신학교를 졸업한 목회자들이 카자흐스탄 법에 저촉되지 않고 합법적으로 목회할 수 있는 길이 열린 것이다.

　2019년 중침신의 학위 졸업식이 있는 날, 국명호 담임목사는 현지에 가서 졸업생들에게 정식 학위를 수여하며 현지 목회자로서 사역

중앙아시아 침례신학교 졸업식(2019년)

을 시작하는 이들을 격려하고 축복했다. 우리가 세운 신학교에서 우리의 학위를 줄 수 없다는 것이 못내 아쉬웠지만, 그래도 우리가 세운 현지 목회자들이 더 이상 정부의 제한 없이 어려움을 당하지 않고 사역할 수 있게 되었음에 감사하며 서로 축복했다.

여의도침례교회의 해외 선교는 여전히 선택과 집중의 선교 정책에 따라 중앙아시아의 선교를 돕고 있다. 현지 사역자를 훈련하고 세우는 중침신을 지원하고, 중앙아시아의 교회에서 추천받은 리더들 중에 선정된 신학생에게 2년간 학비와 생활비 전액을 지원하여 목회자로 양성한 뒤 교회를 개척하게 해 지교회를 세워 가고 있다. 또한 파송된 목회자들을 5년간 지원하고, 그들의 영성 훈련을 위해 목회자 세미나를 열어 건강한 부흥을 위한 지속적인 후원과 지원을 펼쳐 나가고 있다.

선교지에서 신학교가 교단적 차원이 아닌 개인적인 비전을 따라 세워질 경우 여러 문제를 안고 있는데 신학교 교육 수준이 낮고 신학생들의 자질과 진로에 대한 불투명성이 있다. 또한 재정적 어려움은 사역의 연결성과 교육의 질을 떨어뜨린다. 중침신의 모든 재정은 여의도침례교회에서 100%로 지원한다. 그리고 예산 외에 학생 장학금과 학생들을 위한 행사비는 현지 교회들이 지원하여 재정을 충원하고 있다. 현재 여의도침례교회가 전적으로 중침신에 재정지원을 하기에 학교는 재정에 대한 부담없이 사역에만 집중할 수 있다.[40]

## ■ 선교의 패러다임을 바꾸다

"주님의 지상 명령이 무엇입니까? '가서 모든 민족으로 제자를 삼으라'는 것입니다. 이 말씀을 문자 그대로 순종하기 위해 저는 지금도 전 세계 10대 도시에 교회를 세우는 꿈을 꿉니다."

한기만 목사가 생전에 자주 했던 말로, 여의도침례교회는 한기만 목사의 선택과 집중에 의한 선교 전략으로 중앙아시아에 많은 교회를 세우게 되었다. 또한 독일의 베를린, 일본의 오사카, 중국의 청도에 지교회를 세웠으며, 인도네시아의 살라티카 및 중국의 북경과 연길 신풍교회를 비롯한 조선족 교회, 뿐만 아니라 여의도침례교회와 협력 관계를 맺은 선교사들까지 섬기며 선교지에 교회를 세워 오는

---

**40** 김현종, <땅끝으로 가는 길에 핀 꽃> 목회학 박사 논문 참고.

등 교회와 선교지의 연합적 사역으로서의 바람직한 모습을 보여 주었다는 평가를 받았다.

여의도침례교회의 후원으로 선교지에 세워진 교회들을 살펴보면, 중앙아시아 카자흐스탄에는 김동성 선교사의 알마티중앙교회와 주바나바 선교사의 살렘교회, 김현종 선교사의 침켄트 임마누엘교회와 외스케멘에 있는 김홍배 선교사의 라드닉교회가 있다. 이들 교회는 이미 현지인 이양을 눈앞에 두고 있다. 여의도침례교회의 해외 선교 위원장인 신현준 집사는 중앙아시아에 세 개의 교회를 세우는 데 헌신했는데 이를 계기로 성도들의 자발적인 참여가 이뤄졌다. 이렇게 현지에 세워진 교회는 선교적 전략 요충지가 될 뿐 아니라 현지인의 신앙 공동체를 이루는 곳이 되기에, 현지 성도들이 교회에서 성장하고 꿈을 꾸고 나아가 지도자로 세워지는 꿈의 터전이 되었다. 이러한 전략적 지원은 중앙아시아 침례교 선교사들이 연합하게 하는 중요한 연결 고리가 되었다.

현지 교회를 세우기 위한 노력은 국명호 담임목사의 2기 사역과 함께 파송된 선교사에 의해 세워진 선교적 모델의 교회들을 통해서도 열매가 맺히고 있는 중이다. 2012년, 창립 40주년 기념 예배를 통해 우즈베키스탄으로 파송 받은 서홍규 선교사는 가정에서 소망교회를 개척한 뒤 지속적으로 부흥하여 본교회의 지원을 통해 교회를 마련하면서 아름다운 부흥을 10년째 이어 가고 있고, 카자흐스탄으로 파송 받은 조중수 선교사 역시 낙후된 지역으로의 인도하심에 순종해 현지인 교회를 섬기며 선교의 의미를 보여 주고 있다.

하나님의 은혜로 2005년에 선교사로 부르심을 받고 1년 동안 알바니아에서 단기 선교사로 사역하며 소명을 확인하는 시간을 가졌습니다. 하나님께서 저를 장기 선교사로 부르심을 확인하고 한국에 들어와 장기 선교사로 준비되기 위해 신학 공부와 교회 사역을 통해 훈련하는 시간을 가졌습니다. 이후 선교 훈련원에서 장기 선교사 훈련을 받은 후 파송에 필요한 준비를 하고 2012년 9월, 여의도침례교회 40주년 기념 예배에서 파송 선교사로 파송 받았습니다. 우리 교회의 선교 비전인 '사람을 세우고 교회를 세우는 사역'에 저를 선택해 훈련과 파송으로 이끌어 주신 여의도침례교회와 국명호 담임목사님께 다시 한 번 감사드립니다. 2019년에는 여의도침례교회 신현준 집사님의 헌금으로 교회 건물을 구입해 주셔서 모임을 갖기가 너무 좋아졌습니다. 그전에는 저희 집과 다른 곳을 빌려서 모임을 가지며 장소적인 한계와 보안 때문에 어려움이 많았는데, 우즈베키스탄 소망교회가 세워진 후 더 많은 모임과 더 많은 전도 대상자를 만나 복음을 전하는 기회가 생겼습니다. 우즈벡에서 보낸 10년 동안 이슬람의 어려운 상황에서 사역했지만 그 안에서 하나님께서 놀라운 일들을 행하시는 것을 현장에서 경험하고 있습니다. 이 모두가 아버지의 은혜이고, 또한 여의도침례교회가 든든한 동역자요 지원자로 함께 사역해 주셔서 가능한 일이었습니다.[41]

전문인 선교를 꿈꾸며 직장생활을 하고 있던 저는 아내와의 결혼을 앞두고 2006년 여의도침례교회의 등록 교인이 되었습니다. 청년 3부의 젊

---

[41] 서홍규(2012년 우즈베키스탄 파송 선교사), '여의도침례교회 50주년 기념 메시지'에서 발췌

은 부부로 교회에 출석하며 신앙의 교육을 받는 가운데서도 한기만 목사님께서는 계속해서 저희 가족의 선교에 대한 마음에 관심을 가져 주셨습니다. 이후 침례신학교 대학원을 입학하며 교회에서 사역자로 훈련할 수 있는 기회를 주셨고, 국명호 담임목사님의 취임 후 비서실을 경험할 수 있도록 하여 교회 사역의 전반에 대해 이해할 수 있게 해 주셨습니다. 가까이서 비서로 섬기며 국명호 담임목사님을 통해 목회자의 기본적인 자질과 인격적인 영향력을 배울 수 있었습니다.

하나님의 인도하심은 정말 신묘막측합니다. 어찌 보면 알마티에서의 편안한 사역에 머무를 수도 있었으나 하나님은 사역지를 정할 때 특별히 본교회를 통해 교회가 없는 타 도시의 지방 사역에 대한 도전을 주셨습니다. 악토베라는 도시를 돌아보며 아무런 감동을 주시지 않는 것에 감사를 드렸지만, 그곳에서의 마지막 날 영적으로, 경제적으로 너무도 가난해 보이는 교회 성도들이 손을 뻗어 해 주는 축복과 기도에 우리 부부의 눈물 수도꼭지가 터져 버렸고, 결국 하나님이 주시는 마음임을 깨달아 악토베로 사역지를 옮기게 되었습니다. 하나님의 뜻에 순종하자 우리가 두려워했던 대상을 사랑으로 섬기는 대상으로, 피하고 싶은 지역을 하나님을 찬양하는 예배의 장소로 만드셨습니다. 저희는 교회가 하나도 없는 지역인 누르시티에 교회를 개척한 뒤 5년이 지난 지금까지 싱글맘을 비롯한 가난하고 소외된 이들과 믿음 생활을 함께해 나가고 있습니다. 여전히 어려움과 장애는 있지만 함께하는 지체들이 건강해지고 그 자녀들이 하나님의 자녀들로 세워지는 비전으로 사역하고 있습니다.[42]

---

[42] 조중수·김선영(2014년 카자흐스탄 파송 선교사), '여의도침례교회 50주년 기념 메시지'에서 발췌.

이렇게 사람을 세우는 선교로의 패러다임 전환도 함께 이루어 가고 있다. 한 예로, 2011년에 국명호 담임목사가 파송되었던 독일 베를린 지교회는 오랜 시간 교회를 이끌어 가던 목사의 은퇴 시점에 맞춰 본교회에서 파송된 경우다. 물론 사역자가 바뀌는 과정에서 많은 어려움도 있었지만, 이 역시도 하나님은 선으로 바꾸사 현지의 상황과 선교지에 대한 기도를 하게 하심으로 새롭게 결집할 수 있게 하셨고, 지금은 안정된 상황 속에서 모교회와 지교회 사이의 활발한 교류 관계를 맺고 협력해 나가고 있다.

동남아시아 국가로 선교의 장을 넓혀 사람을 세우는 선교도 활발히 진행 중이다. 여의도침례교회의 1호 파송 선교지가 인도네시아인 만큼 동남아시아에 대한 연결 고리도 있었고, 교단을 통해 협력 관계를 맺은 선교사들도 있었기에 선교지의 확장은 신속히 이루어졌다. C국을 비롯해서 인도네시아, 필리핀, 베트남 등을 중심으로 새로운 선교지가 확장되면서, 그곳이 제2의 중앙아시아가 되려면 헌신된 선교사를 세우고 파송해야 한다는 것에 중점을 두고 현재 동남아시아에 선교사를 파송해서 선교 사역에 헌신하고 있다.

저는 청년 시절 여의도침례교회에 방송실 간사로 섬겼습니다. 그러던 중 말씀을 통해 부르심을 확인했고 교회의 도움을 받아 침례신학대학원에 다닐 수 있었습니다. 또한 교회의 배려로 사역할 수 있는 기회들을 얻게 되었고 사역을 하면서 여의도침례교회가 사람을 세우고 교회를 세워가는 것을 통해 하나님의 역사하심과 일하심, 그리고 많은 열매들을 보게 되었습니다. 이에 도전을 받아 해외 선교의 비전을 품게 되었습니다. 그러던 중 V국을 방문하게 되어 그곳에서 고난과 어려움을 겪고 있는 교회들을 보며 선교의 비전이 더욱 확실해 졌습니다. '사람을 세우는 선교'라는 여의도침례교회의 선교 패러다임에 따라 저에게 2019년 GMTC에서 선교사 훈련을 받을 수 있도록 도와 주셨고 훈련을 받은 뒤 V국으로 파송 받았습니다. 코로나로 인해 잠시 어려움도 있었지만 새로운 도전을 품고 선교 사역을 감당하고 있습니다. 사역의 최종 목표는 하나님 나라를 선포하고, 잃어버린 영혼들을 구원하며, 제자를 훈련하고, 지역 사회를 섬기는 성경적인 침례교회를 세워 그 들로 하여금 예수 그리스도의 구원 사역을 완성하도록 돕는 것입니다. 사회적 책임과 전문성을 가지고 창의적 접근 사역을 통해 제자를 양성해 침례교회를 개척하고 세우고자 합니다. 현지 침례교회에 상호 도움을 주는 동반자로서 교회를 개척하고 세우며 성장하도록 협력하여 하나님께 영광을 돌리고자 합니다.[43]

여의도침례교회는 새로운 방식의 사람을 세우는 선교 사역에도 도전했다. 선교사의 자녀가 부모의 선교 사역을 이어 갈 수 있도록 파송하는 선교다. 필리핀에서 오랜 시간 헌신해 온 선교사가 은퇴를 앞두고 있었다. 여의도침례교회의 협력 선교사이기도 했는데, 은퇴 이후 사역의 이양을 위해 기도하는 중이었다. 그러던 중 자녀 역시 선교사로 헌신해 터키에서 난민 사역을 하고 있다는 사실을 알게 되었다. 이에 국명호 담임목사는 터키에서 사역하는 자녀에게 부모의 사역을 물려받을 것을 제안했다. 한국에서는 세습으로 받아들일 수 있는 문제지만 선교지의 특수한 상황에서 글로벌한 인재로 자란 선교사의

---

[43] 유기윤(2019년 V국 파송 선교사), '여의도침례교회 50주년 기념 메시지'에서 발췌.

자녀들이 사역을 이양 받는 것은 은퇴 선교사의 문제도 동시에 해결할 수 있는 좋은 사례가 될 것이라고 여겼기 때문이다. 이러한 제안에 교회도, 선교사도, 선교사의 자녀도 함께 기도했고, 마침내 하나님의 은혜로 자녀가 부모의 사역을 물려받게 되었다. 이에 여의도침례교회에서 그 자녀를 선교사로 파송하여 선교 사역을 지원하기로 하며 필리핀 선교 사역을 이어 가고 있다.

저는 선교사의 자녀로서 필리핀 민다나오에서 어린 시절을 보냈습니다. 22세에 처음 전임 사역자로 부르심을 받고 만 30세가 되어 선교사로서 준비를 시작한 뒤 2017년 그리스 레스보스 섬에 파송되었습니다. 그러다 비자 문제로 7개월 만에 추방된 뒤 T국으로 넘어가 팀 사역을 했습니다. 2019년, 잠시 한국에 귀국했을 때 부모님께서 애타게 후임자를 찾고 계시다는 것을 알게 되면서 부담감이 점점 커진 상태였는데, 국명호 담임목사님께서 MK로서 부모님의 뒤를 이어 필리핀에서 사역을 하는 것에 대한 도전을 주셨습니다. 며칠간의 기도 중에 하나님은 필리핀으로 가는 것에 대한 확실한 응답을 주셨고, 신학교에서 다음 세대의 필리핀 디아스포라 선교사들을 훈련시키는 것과 다음 세대를 위한 국제 교회를 개척하는 부분에 대한 감동과 갈망을 주셨습니다. 그 후 2020년 1월 말, 여의도침례교회에서 필리핀 선교사로 파송을 받고 2021년 2월에 필리핀으로 향했습니다. 코로나로 인해 사역이 힘들어지는 상황을 겪었지만 어려움 가운데서도 하나님은 온라인 사역의 길을 열어 주셨고, 결혼의 축복도 주셔서 2021년 12월 목사인 남편과 함께 다시 이곳 필리핀 민다나오로 들어가 사역하고 있습니다. 생각해 보면 그리스에서 T국 그리고 다시 필리핀으로, 이제까지 제가 겪었던 사역의 모든 여정은 주님의 큰 그림 안에 있었음을 고백합니다. 또한 아브라함의 믿음으로 이 필리핀 민다나오 땅에 와서 하나님께 젊음을 바치신 부모님의 헌신에 감사하며 이곳에서 이삭으로서 믿음의 유업을 이어 다음 세대를 세우도록 인도하신 하나님과 또한 이 여정을 갈 수 있도록 격려하고 동역해 주시는 여의도침례교회에 감사드립니다. 앞으로 다른 MK들과 더 많은 다음 세대 선교사들이 여의도침례교회에서 세워지고 파송되길 소망합니다.[44]

여의도침례교회의 선교행전은 선택과 집중이라는 전략을 넘어 패러다임 전환을 시도하며 나아가고 있다. 건물로서의 교회가 아닌 공동체로서의 교회에 의미를 두고 지교회, 형제 교회 등 협력 교회와 활발히 협력해 나가는 동시에 주님의 사명을 받아 목회의 길을 가는 목회자들을 잘 세우고 선교사를 파송하는 것이 교회의 사명임을 깨달아 복음이 전해지는 곳에 사람을 세워 파송하며 영적 대부흥의 물결을 이어 가고 있다.

## ■ 선교, 확장된 연합을 그리다

여의도침례교회가 중앙아시아에서 보여준 연합사역은 한국 교회의 모범적인 선교 방법이다. 한국의 많은 교회가 개별적인 사역을 하므로 사역의 열매와 실효성을 거두지 못하는 사례들이 많다. 여의도침례교회가 성공적으로 선교 사역을 할 수 있었던 것은 교회가 독단적으로 사역하기

---

[44] 최예문(2020년 필리핀 파송 선교사), '여의도침례교회 50주년 기념 메시지'에서 발췌.

보다 선교사들이 가지고 있는 구조 속에서 어떻게 도울 것인가 고민하며 선교지의 필요와 중요한 프로젝트가 어떤 것인지를 선교사들과 커뮤니케이션하고 계획하였기 때문에 가능한 일이었다. 연합적인 사역에 우선순위를 두고 지원하였기 때문에 중앙아시아 침례교 총회 구조가 계속 발전하고 연합하여 지금까지 좋은 모델로 사역을 할 수 있게 되었다.[45]

여의도침례교회의 해외 선교에 대해 쓴 논문의 일부다. 여의도침례교회는 처음부터 사역의 연합을 존중하고 지향했다. 비단 해외 선교뿐 아니라 국내 사역에서도 교회의 이름을 앞세우기보다 하나님이 기뻐하시는 복음 사역이라면 동참해서 돕기를 마다하지 않았다. 이러한 기조는 지금까지 이어져 성도들 모두 연합과 협력 사역에 누구보다 적극적으로 동참한다. 국명호 목사가 담임으로 취임한 후 여의도침례교회는 선교에 있어 연합의 범위를 더욱 확장해 나갔다. 앞서 밝혔듯, 그동안 선택과 집중으로 사역했던 중앙아시아 지역을 넘어 중국의 한족과 동남아시아로의 선택 지역의 폭을 다양화했다.

선교지에 선교사를 파송해서 개척하는 전략보다 기존에 해 오던 연합 사역으로 추진했는데, 중국의 경우 그간 비공개적으로 선교 활동과 그에 따른 지원을 해 왔으나 지난 10년에 걸쳐 대부분의 지역에서 추방되는 안타까운 일이 있었다. 어떻게 중국 선교를 도울 수 있을까 고민하던 중 본토에 거주하는 한족과 조선족 목회자를 후원하는 쪽으로 방향을 잡았다.

---

[45] 김현종, <땅끝으로 가는 길에 핀 꽃> 목회학 박사 논문 참고.

한족 목사 안수식(2013년)

　여의도침례교회는 5명의 한족 목회자들을 한국으로 초청해서 안수를 주었다. 그리고 성경 공부 교재를 중국어로 번역한 후 우리 목회자와 함께 중국으로 들어가 그들을 교육한 뒤 나오는, 일명 치고 빠지는 식의 선교 활동을 펼쳤다. 잠깐 들어가서 교육하고 나오는 식이라 중국 공안의 위험없이 우리로부터 교육받은 목회자들이 중국 성도들에게 제대로 교육할 수 있으니 선교의 또 다른 모델이 될 수 있었다. 안타깝게도 현재는 코로나19로 사역이 중단되었으나, 하나님은 또 다른 가능성을 보게 하셨다. 중국 대학 내 한국어과에 있는 한족을 전도하게 하심으로 복음 전도의 가능성을 보게 하셨기에, 앞으로 조선족뿐 아니라 한족을 통한 선교로의 방향도 열어 두고 있다.

　반대로 한국에서의 중국 선교도 시작했다. 바로 중국 유학생 사역인데, 2009년 중국에서 추방당한 선교사가 한국에 들어와 여의도침례교회에서 중국어 예배를 시작하게 된 것이다. 예배가 시작되면서

서울 내 대학에서 공부하는 재한 중국 유학생들에게 복음이 전해졌고, 본국으로 돌아갔을 때 그들을 통해 복음이 전해질 수 있기를 기도하며 중국 유학생 사역을 확장해 나갔다.

중국 선교와 함께 통일 선교에 대한 적극적인 모색에도 나섰다. 최종적인 목표인 통일 후 교회를 세우는 비전을 위해 기금을 적립하고 있으며, 그와 함께 탈북민들을 교육해서 목회자와 선교사로 세우는 일에도 교회가 나서는 중이다. 하나님의 은혜로 대한민국에 오게 된 탈북민들이 복음의 일꾼이 되어 통일 후에 고향으로 돌아가 교회를 세운다면, 그것이 신앙의 통일이요, 남북의 통일이 될 거라 믿기 때문이다. 이는 오늘날 통일 선교가 더욱 중요해진 이유이기도 하다. 복음으로 세워진 탈북민이야말로 진정한 디아스포라가 되어 북한을 복음화시킬 수 있으리라 믿고 통일 선교를 위해 나아가고 있다. 현재 여의도침례교회의 통일 선교부는 계속해서 탈북민을 섬기고 있으며, 청년 및 대학생과 일대일 멘토링 사역을 진행하는 가운데 북한전략센터와 협력해 북한의 문이 열리도록 통일 선교를 진행 중이다.

여의도침례교회가 해외 선교의 확장된 연합으로 추진한 선교 사역은 곤지암 아우름교회를 통한 한국 내 중앙아시아 이주민 사역이다. 국명호 담임목사는 수년 전 중앙아시아 선교사로서 헌신하다가 은퇴 후 고국으로 돌아온 선교사에게 은퇴 후에도 사역을 지속할 수 있는 길을 열어 주고자 했다. 그러던 중 경기도 곤지암 쪽에 중앙아시아 이주민들이 모여 살고 있음을 알게 되어, 그곳에 교회를 세워 이주민들에게 복음을 전하도록 했다. 수십 년의 중앙아시아 선교에 대한 노하우와 경험이 있었기에 교회를 세우는 것에 대한 성도들의 반응은 호의적이었으며, 무엇보다 중앙아시아의 문화에 익숙한 선교사가 목회를 담당할 수 있다는 것이 여러모로 안성맞춤이었다. 이에 곤지암 아우름교회가 세워지면서 국내 외국인들을 위한 복음 사역이 시작되었고, 이는 은퇴한 선교사가 국내 외국인들을 위한 선교 사역을 계속해서 할 수 있도록 한 최초의 사례가 되었다. 현재 곤지암 아우름교회는 이주민을 대상으로 하는 근로자 복음 사역을 잘 감당하고 있다.

곤지암 아우름 다문화교회 사역을 시작한 지 어느새 8년이 되어 갑니다. 다문화 가정과 이주민 근로자 사역을 하면서 실망하기도 하고 지친 마음을 추슬러야 할 때도 있었지만, 이 역시 중앙아시아의 선교 사역이 한국으로 옮겨져 온 것이라 여기며 감당하고 있습니다. 한국 생활에 정착하도록 직장과 살 집을 구해 주고 관공서 업무와 응급 상황에 대처해 주는 사역, 마치 119 구조대원처럼 항상 준비하고 모든 마음을 다해 그들을 섬기는 것은 어찌하든지 복음을 듣고 그리스도인이 되기를 바라기 때문입니다. 이러한 섬김의 마음에 저희 사역자뿐만 아니라 아우름교회의 성도들을 위해 기쁜 마음으로 함께해 주시는 여의도침례교회가 함께하기에 감사할 뿐입니다. 중앙아시아 선교 사역을 은퇴한 뒤 한국으로 들어와 그곳에서의 경험을 이곳 이주민 사역에 활용할 수 있게 된 것은 하나님의 은혜라고 생각합니다. 해외 선교지로 나가서 전해야 하는 경우도 있지만, 한국에 들어와 있는 이주민들에게 복음을 전하는 것 역시 또 다른 선교의 방향이 될 수 있기에 이 사역을 처음으로 시도한 여의도침례교회에 감사하고 있으며, 앞으로도 이러한 선교의 방향이 확장되어 나가길 소망합니다.[46]

---

**46** 김홍배(곤지암 아우름교회 목사), '여의도침례교회 50주년 기념 축하 메시지'에서 발췌.

## 7

## Recognize the truth
## : 진리로 자유하게 되다

### ■ 여의도침례교회 부흥의 원천이 된 성경 공부

"박 목사, 요즈음 셀 모임이니 나눔 모임이니 이런 것들이 많이 유행하는데, 그래도 장년부 성경 공부만큼 좋은 게 있을까?"

1대 한기만 목사의 지나가듯 툭 던진 그 말이 목회의 큰 지침이 되어 지금의 양무리 사역의 근간이 되었다고 간증하는 이는 로스앤젤레스 한인침례교회를 담임했던 박성근 목사다. 박성근 목사뿐 아니라 국내외에서 활동하는 많은 목회자와 선교사들이 성경 공부에 대한 남다른 애정과 사명에 영향을 받았음을 고백한다.

한국 교회에서 가장 먼저 제자 훈련을 도입하게 된 여의도침례교회는 개척부터 네비게이토선교회의 제자 훈련으로 성도들을 교육하며 영적 성숙의 토대를 마련했다. 1972년, 교회가 시작될 때부터 여자 성도들로 구성된 두 개의 성경 공부 반이 조직되었는데, 교재는 《네비게이토 주제별 성경 연구》 시리즈(10권, 네비게이토)로 매주 화요일부터 목요일까지 진행되었고, 뒤이어 남자 성도들로 구성된 성경 공부

반으로 확장되어 새벽반으로 진행되었다. 당시 교계에 만연했던 부흥회 위주, 은사 위주의 사역과는 달리 말씀에 대한 집중적인 이해와 그를 통한 회심에 의해 제자로 세워지는 성장을 지향했기에, 이미 교회를 출석하고 신앙생활을 오래해 온 기존의 성도들에게도 성경 공부는 그리스도와 성령을 체험하는 통로가 되었다. 타 교회, 타 교단에서도 여의도침례교회의 성경 공부를 궁금해하며 찾아와 배울 정도가 되자, 한기만 목사는 목회자가 가르치는 성경 공부를 넘어 평신도를 성경 공부의 목자로 세워 성경을 공부하도록 하는 등 여의도침례교회의 부흥과 성장의 뿌리에 성경 공부를 두었다.

지역교회에서의 제자훈련 사역은 사실상 한국 교회에 있어서 역사적인 사건이었다. 당시 대부분의 교회들이 교인들을 위해 실시하는 교육이나 영적 성장을 위한 방법은 거의가 심령부흥회를 통해 이루어지고 있었고, 그 부흥회의 상당수가 성령은사 집회나 치유집회 등이었다. 그러한 한국 교회의 전통적 토양에서 여의도침례교회는 선교단체가 전유물처럼 사용하던 제자훈련 방식을 기존 교회에 도입하였고 이러한 제자훈련 사역은 놀랍게도 아름답고 건실하고 알찬 열매들을 맺게 되었으며, 지역교회에서도 제자훈련 방식을 통해 교회가 성장된다는 사실이 한국 교회 전체에게 소중한 첫 모델이 되었다. 자신이 구원을 받았는지 못 받았는지도 알지 못한 채 막연히 종교생활을 하던 수많은 한국의 교인들에게 성경을 가르치고 체계적인 제자훈련을 통해 영적 성장을 구체적으로 경험하게 하는 사역은 여의도침례교회를 통해 한국의 많은 교회들이 자극을 받았고 점차 초교파적으로 확산되어 나갔다. 침례교단 안에서는 구로동

제일교회(백철기 목사), 대전대흥교회(안종만 목사), 부산영안교회(남용순 목사), 부산영진교회(방승환 목사)가 여의도침례교회를 뒤따라 제자훈련 방식을 교회에 도입했다. 그리고 4-5년 뒤부터 장로교단의 경우 남서울교회, 사랑의교회 등의 교회들을 필두로 교회들이 앞 다투어 제자훈련 사역을 교회에 도입함으로써 1980년대 이후에 성경공부를 중심으로 하는 제자훈련이 한국 교회의 대세가 되었다. 이러한 새로운 움직임으로 말미암아 한국의 기독교가 율법주의나 기복신앙, 신비주의 등으로부터 각성하는 움직임이 보다 활발하게 나타나게 되었다. 이토록 교인들을 철저히 복음 안에 세우고 충성스러운 제자로 훈련시키신 이유는 교회가 주님의 몸이며, 그 몸에 붙어있는 각 지체가 복음의 사역자라는 사실을 확고하게 믿은 교회론 때문이었다. 교회가 그리스도를 머리로 한 유기체이며, 따라서 각 지체는 누구나 예외 없이 각자의 맡은 사역을 감당해야 한다는 사실은 너무도 당연한 귀결이었다. 여의도침례교회는 교인들이 훈련되어지는 대로 그 교인들을 구역장으로 세우는 일은 물론이고 나아가 성경공부를 통한 제자훈련 사역을 교인들에게 위임하는 일을 함으로써 전교인의 사역자를 이루어 나갔다.[47]

실제로 성경 공부를 통해 신앙의 영적인 성장을 이룬 성도들은 각자의 일터에서, 생활 터전에서 사역자로 세워져 가며 하나님께 영광을 돌렸다. 어떤 성도는 중동의 건설 현장에서 일하면서 현장 근로자를 위한 교회를 세워 그들을 위해 성경 공부까지 진행하며 복음의 사

---

[47] 《오직 한 길》, '복음전도와 제자훈련의 열정'(박영철), 183-184.

역을 이루기도 했고, 어떤 이는 의료 현장에서 환자들에게 복음을 전하는 방식으로, 또 사업장이나 학교에서 평신도 사역자가 되어 성경을 공부하고 복음을 전하는 실제적인 열매들이 맺혔다.

이렇게 곳곳에서 신앙의 열매를 맺어 온 성경 공부는 현재까지 진행되고 있으며, 사역 2기를 맞아 더욱 다양해졌다. 이는 말씀에 대한 연구라는 기본 원칙은 이어 가되, 시대적 변화에 따라 성도들의 다양한 요구에 맞춰 다양한 커리큘럼과 리더십 과정 등으로 세분화되었기 때문이다.

현재 여의도침례교회의 성경 공부는 다양한 형태로 나뉘어 교구별, 과목별로 진행되고 있다. 교회에 정착해서 공부하는 기본 성경 공부 교재에도 변화가 있었다. 처음에는《네비게이토 주제별 성경 연구》교재로 시작했다가 한동안은《CCC 10단계 성경교재》(순출판사 역간)로, 1982년부터는《최선의 삶》(침례회출판사 역간)으로 공부하다가 현재는《그리스도인의 생활 연구》(네비게이토) 시리즈를 교재로 사용하며 성경 공부를 진행하고 있다.

국명호 담임목사의 2기 사역이 시작되면서 성경 공부는 세분화되고 확장되었다. 한 사람의 영혼이 구원을 받아 성도가 되면 그 한 사람이 예수 그리스도의 진정한 제자로 세워지기 위해 지속적인 교육이 이루어지도록 전인적인 훈련의 체계를 갖추었다. 우리는 단번의 신앙 고백으로 구원에 이르지만 예수를 닮아 가는 성화의 과정은 끊임없는 훈련이기에 다양한 방식과 접근으로 성경을 공부할 수 있도록 하고 있으며, 여의도침례교회는 이것을 주님이 이 땅에 다시 오실 때까지 계속되어야 할 사명으로 여기며 나아가고 있다.

## ■ 제자로 세워져 가는 성도들

"여의도침례교회의 성도가 된 지 40년이 넘어가는데요, 지금까지 계속 공부하며 훈련하고 있습니다. 처음부터 시작된 성경 공부로부터 지금 시니어 교육에 이르기까지, 우리 교회에서 신앙생활을 한다는 것은 성경 공부와 떼놓을 수가 없습니다. 어떻게 이렇게 오랫동안 공부했을까 싶은데, 돌아보면 이러한 성경 공부와 제자 훈련이 있었기에 신앙이 계속 유지될 수 있었던 것 같고, 너무도 감사한 일이라는 생각이 듭니다. 다양한 시각과 각도로 훈련받을 수 있게 해 준 교회에 감사합니다."

한 원로의 고백처럼, 여의도침례교회는 성도가 됨과 동시에 성경 공부를 비롯한 제자 훈련의 과정이 이어진다. 구원을 받아 하나님의 자녀가 된다는 것은 곧 거저 얻는 은혜이지만, 그 이후는 예수를 닮아 가는 성화의 과정이므로 끊임없고 지속적인 훈련의 연속이다.

새신자로 등록하게 되면 교회에서의 안정적인 정착을 위해 5주간 새가족 성경 공부가 이루어진다. 교회에 소속감을 갖게 함과 동시에 교회의 성경적 가치관을 제시해 한 가족으로 연합할 수 있도록 돕는다. 이때 그리스도인이라면 반드시 가져야 할 다섯 가지 확신을 점검한 후 구원, 기도 응답, 승리, 사죄, 인도에 대한 성경적 원리를 배운다.

이후 교회의 가장 기본적이고도 필수적인 SCL 성경 공부 과정은 여의도침례교회 성도라면 누구나 받게 되는 기본적인 훈련으로, 교회 설립 때부터 이어져 온 전통적인 성경 공부다. SCL은 '그리스도인의 생활 연구'를 의미하는 Studies in Christian Living의 약자로, 여섯 권의 책을 공부하며 성경 말씀에 대한 훈련을 받는다.

　모든 그리스도인이 풍성한 삶을 누리기 원하시는 하나님은 이 삶을 누리는 비결로 성경에서 명령하고 약속하신 바를 공부하도록 하셨다. 이에 1년간 여섯 권의 교재를 통해 기독교의 기본적인 교리와 그리스도인의 생활에 대한 일반적인 지침을 문답 형식을 가지고 있다. 단계적으로 공부한다. 이 과정을 통해 예수 그리스도는 어떤 분이며 어떤 일을 하시는지 '그리스도 안에 있는 새생명', '그리스도와의 교제', '그리스도와의 동행', '그리스도인의 성품', '믿음의 기초' 등의 주제를 가지고 어떻게 성장해 나갈 것인지를 공부하며 복음의 기초적인 부분에 대한 공부를 이어 간다. SCL 과정을 공부하는 동안 성도는 예수 그리스도에 대해 확실히 알게 되고, 그를 통해 교제하고 동행하는 방법을 훈련받으며, 그리스도의 성품을 알고 닮아 가는 노력을 통해 믿음의 기초를 단단히 세우고 세상을 향해 나아가게 된다.

　기초적인 말씀 과정인 SCL과 함께 교회가 속한 침례교단에 대한 이해를 돕기 위한 교육도 기본적인 배움의 과정 속에 있다. 침례 교육은 주님께서 명령하신 거룩한 예식인 침례식에 참여하기 전에 구원의 확신을 점검하고 성경적 관점에서 침례의 의미를 교육하는 과정이다. 본교회의 기초 과정인 새가족 성경 공부 반을 이수하고 구원의 확신이 있는 성도라면 누구나 참여할 수 있다.

　기본적인 성경 공부와 함께 필수 과정으로 훈련하는 교육 과정은 각각의 방향에 따라 시기와 기간이 다르며, 교회의 제직이면 거의 필수적으로 거쳐야 한다. 필수 과정은 이름에서 느껴지듯 말씀을 좀 더 깊이 있게 연구하고 공부하는 과정이다. 매일 정해진 시간에 성경 말씀을 통해 자신에게 들려주시는 하나님의 음성을 듣고 묵상한 후 삶에 적용함으로 변화와 성숙으로 이르게 하는 Q.T. 아카데미, 다른 사람을 위한 기도가 가장 고상한 기도라는 말씀처럼 여의도침례교회의 기도의 근간이 되기도 했던 중보기도위원회에서 주관하는 IP 아카데미는 개인과 교회, 나라와 열방을 가슴에 품고 중보 기도하는 사역자로 키우는 훈련 과정이다. 이를 통해 중보 기도 사역의 의미와 특권, 응답받는 기도의 태도와 실습 등을 배우며 중보 기도 사역자로서 세워질 수 있다.

이와 함께 전도와 선교라는 교회의 사명을 이루기 위한 전도 훈련인 FAITH 아카데미는 예수님의 지상 명령인 전도의 사명을 감당할 목적으로 개발된 훈련 방법을 교회의 성도들을 대상으로 배우도록 하고 있다. FAITH 아카데미는 간단하면서 명확한 복음 제시와 소그룹까지 인도하는 효과적이고 역동적인 훈련으로, 훈련 기간을 통해 영혼의 소중함을 깨닫고 복음을 전하는 귀한 통로로 서도록 돕는다. 이를 통해 구원의 큰 기쁨을 누림과 동시에 전도에 대한 구체적인 방법을 배우고 적용할 수 있다. 뜻있는 방문을 위한 준비부터 자신만의 천국 확신 간증 만들기, 구원의 믿음으로 초청하기, 전도 연습하고 훈련 간증 나누기 등 실전으로 나가 전도할 수 있는 전도자를 양성한다.

전도와 함께 선교를 위한 훈련 과정인 미션 아카데미도 있다. 미션 아카데미는 세계 선교 전반에 대한 하나님의 말씀과 현대 선교 상황에 대해 이해할 수 있도록 지침을 제공하고, 본교회 선교 사역에 대해 이해하여 자신이 있어야 할 선교의 자리를 확인하고 헌신하도록 돕는다.

필수 과정의 하나인 YTD 수양회는 여의도침례교회가 1992년부터 시작한 영성 훈련 수양회로, 성도들이 해마다 참여하고 섬기며 영성이 회복되고 깊어지는 체험의 시간을 갖는다. 곤지암 장심리 수양관에서 진행되며, 봉사자를 포함한 200여 명 내외가 참여해 사랑의 불꽃 잔치를 벌인다. 훈련 내용을 드러내는 것이 아님에도 3일간의 영성 훈련을 통해 많은 이들이 회심하고 영적으로 거듭나는 체험이 드러난다.

이 외에도 여의도침례교회는 성도를 제자로 세워 가는 훈련 과정을 다양화하고 있다. 신·구약에 대한 이해를 돕고 말씀을 늘 가까이 하기 위해 다양한 말씀 연구를 선택 과정으로 두었고, 양무리를 이끌 목자가 되기 전 목자로서의 자질과 소양을 갖추기 위한 훈련 등 목자와 교사들의 영적인 채움과 성장을 위한 교육을 심화 과정으로 운영하고 있다.

| 교육 과정 | 과정 내용 | 세부 교육 과정 |
|---|---|---|
| 기본 과정 | 여의도침례교회 성도가 기본적으로 받는 성경 교육 | 새가족 성경 공부, SCL, 침례 교육 |
| 필수 과정 | 심화적인 신앙 교육과 직분자 임명에 있어 기준이 되는 교육 | Q.T. 아카데미, IP 아카데미, FAITH 아카데미, MISSION 아카데미, 침례교 유산, YTD |
| 선택 과정 | 성경에 대해 배우는 다양한 교육 과정 | 구약 개론, 신약 개론, 성경 필사, 성경 통독, 성경 탐구, 하경삶 |
| 심화 과정 | 가르치는 직분자들을 위한 교육 | 예비 목자 교육, 목자 교육, 교사 대학 |

성경학교 수료식(2022년)

　이렇듯 여의도침례교회는 교육을 통해 성도들을 체계적으로 훈련해 나가고 있다. 강요가 아닌 성도들의 자발적인 참여를 존중하고 있는데, 교육 과정 하나하나에 세심한 노력을 기울이고 기도로 준비하기에 각 교육을 통해 은혜를 받고 기꺼이 훈련받기를 자처해, 해마다 교육 훈련 프로그램이 세분화 및 구체화되어 가고 있다.

　세상에서 인정하는 가치를 추구하던 저는 뜻하지 않은 사고로 경추 골절로 인한 척수 손상을 입어 사지 마비 장애를 갖게 되었습니다. 현대 의학으로는 걷는 게 불가능하고, 걷게 된다면 그것은 신의 영역에 있다는 말에 절망하며 막연하게나마 하나님을 향한 저의 독백이 시작되었던 것 같습니다. 그러던 어느 날, 저와 같은 병실에서 함께 재활하던 한 형제를 위해 병문안을 온 한 무리의 자매들을 보았습니다. 아픈 형제를 위로하며 기도해 주는 모습에 아내는 부러움을 감추지 못했고, 불교 신자였던 아내는 그길로 하나님을 탐구하기 시작했습니다. 그러고는 어느 날 제게 신앙생활을 함께 할 것을 제안했고, 하루하루 지옥 같은 일상을 겪고 있던 저는 그저 사는 동안만이라도 마음이 평안하자는 생각에 교회를 다녀 보자 마음먹었습니다. 교통재활병원이 있던 경기도 양평에서 여의도를 다녀야 했기에 처음에는 한 달에 한 번 정도 예배드릴 맘이었지만, 첫 예배를 드리던 날 한 번도 본 적 없던 많은 성도님이 우리 부부를 위해 중보 기도를 해 주고 계셨다는 것을 알고 어찌나 감동이 되던지, 이후 표현하기 어려운 이끌림으로 매주 양평과 여의도를 오가며 예배의 설렘과 기쁨의 은혜를 경험했습니다. 먹고, 싸고, 숨 쉬고, 가만히 앉아 있는 것조차 내 힘으로 할 수 없는 때가 있었고, 그로부터 하나하나 천천히 회복해 가는 과정에서 일상에서 할 수 있는 사소한 모든 것들이 감사함인 것을 깨닫게 되었습니다. 이 모든 것들은 하나님께서 허락해 주신 것임을 알고 있습니다.

특히 SCL 성경 공부, 양무리 모임, 성경 통독을 통해 수동적이더라도 말씀을 가까이 접하면서 말씀의 큰 힘과 울림을 체험했고, 저의 기도도 자연스럽게 넓혀져 갔습니다. 영적으로, 육적으로 고통 받고 있는 모든 이들이 저마다의 소망을 갖고 상처를 회복할 수 있기를 바라는 기도가 되었습니다. 아무래도 고통의 무게를 잘 알게 하신 것도 이러한 기도에 쓰임 받게 하시려는 하나님의 뜻이 아니었을까 생각하게 됩니다. 그래서 오늘의 저를 감사하게 됩니다. 지금도 담대하게 원하는, 살든지 죽든지 나의 몸을 통해 그리스도가 위대하게 되는 삶을 살기를 기도합니다.[48]

---

[48] 신승욱 집사 간증문.

### ■ 요람에서 무덤까지! 성경적 통합 교육의 틀을 갖추다

교회는 요람에서 무덤까지 성도들의 신앙을 훈련하는 곳이다. 아이가 태어나 성장하는 동안 교회학교, 청년부, 장년부를 거쳐 천국에 가기 전까지 교회에서 말씀을 통해 훈련받는다. 구원은 믿음으로 말미암아 얻게 되지만, 그 이후는 끊임없이 성화된 삶으로의 여정이기에 교육과 훈련이 중요하다.

여의도침례교회는 이러한 교육의 필요성을 누구보다 일찍 깨달았기에 성경 공부에 주력했고, 성도들의 교육과 훈련에 집중했다. 50년 전 교회가 세워질 때부터 신앙 교육에 대한 기조와 틀을 갖추고 진행되어 왔지만, 주로 장년층에 커리큘럼이 맞추어져 있다 보니 전 세대를 아우르는 통합적인 면이 부족했다. 교육관을 건립해 각 층마다 세대별 예배 공간과 공과 공부를 위한 장소를 마련해 소그룹 모임을 특화시키는 등 하드웨어적인 부분은 갖추어졌는데, 교회학교나 중고등부 학생들을 교육할 소프트웨어는 약했던 것이다. 이는 비단 교회뿐만 아니라 교계 차원의 문제이기도 했다.

초창기 여의도침례교회의 교회학교는 한기만 목사님께서 교사로서 솔선수범하셨습니다. 워낙 말씀의 중요성을 강조하며 성도들을 교육하셨기에 교회학교에서도 그러한 기조를 이어 가셨어요. 특히 아이들을 가르칠 교사의 자질을 중요하게 여기며 1세대 교사를 훈련한 뒤 세우시는 등 그때부터 지금까지 교회학교나 중고등부 교육에 대한 관심과 중요성은 계속되고 있습니다. 저 역시 26년간 교회학교 교사를 하면서 신앙 교육을 통해 훌륭한 그리스도인이 양성되는 모습에 큰 감동을 느낍니다. 하나님은 얼마나 기뻐하실까 생각하니 우리 교회가 더욱 아이들의 교육적인 면에 계속 신경을 쓰고 노력해야 한다는 사명감이 느껴집니다. 그래서 교육관 건립과 같은 하드웨어뿐만 아니라 이제는 국 목사님을 통해 소프트웨어도 보강하기 위해 노력하고 있습니다.[49]

국명호 목사는 생애 주기별 신앙 교육이 체계적인 틀을 갖추어 통합적으로 운영될 수 있도록 계획하고 진행했다. 목회자마다 다르고 교단의 공과마저 일관성이 없는 문제를 해결하는 길은 교회의 자체적인 커리큘럼을 만드는 것이라는 생각에 교육 부서별 커리큘럼을 재정립했다. 이를 통해 유아·유치부부터 청년부에 이르기까지 신앙이 성장하는 중요한 시기에 통합적 성경 교육이 이루어지도록 했으며, 이 교육은 목회자가 바뀌어도 진행할 수 있도록 확실한 틀을 마련했다.

통합적 성경 교육의 첫 시작은 특성화 학교였다. 신앙과 삶을 연결해서 성경적인 교육을 진행할 수 있는 것으로, 유년부와 초등부는 예수님의 열두 가지 성품을 공부하는 성품 학교를, 중등부는 습관 학교를, 고등부는 비전 학교를 열었다. 이를 통해 각 연령에 맞는 복음에 대한 이해를 돕고, 기독교적 가치관인 창조론과 올바른 성의 개념을 비롯한 그리스도인으로서의 성품과 비전을 갖도록 커리큘럼을 갖추도록 했다. 중간에 담당 목회자가 바뀌어도 교육을 진행할 수

---

[49] 이수곤 장로(2022년 장로 회장) 인터뷰.

있는 공교육과 같은 교재를 만들겠다는 의지로 커리큘럼을 재정비했고, 초등부 6년제를 3년제로 개편해서 유치부부터 고등부까지 각 3년 차로 연령을 묶어 체계적이고 통합적인 교육이 지속적으로 이루어지도록 했다.

특히 커리큘럼의 재정비 과정 가운데 소프트웨어의 부족이라 꼽을 수 있는 교재의 부재를 보완하고자 노력을 기울였다. 이는 여의도침례교회뿐만 아니라 교육의 어려움을 겪는 교회와 다음 세대를 위한 좋은 교재 편찬이라는 비전을 담아 진행한, 미국 남침례신학대학에서 만든《디사이플6》(Disciple 6) 청소년 성경 공부 교재의 편찬이었다.《디사이플6》교재는 신학교의 여러 교수진이 투입되어 방대한 분량의 내용을 오픈 소스로 공개했는데, 이미 현시대 감각에 맞춘 교재로 인정받아 활용되고 있다. 다양한 매체를 활용해 성경 말씀을 전하고 적용하게 함으로 청소년기에 올바른 신앙이 정착할 수 있도록 돕는 도구가 될 것이며, 다음 세대의 영적인 성장을 위해 필요한 교재가 될 것으로 기대하고 있다.

여의도침례교회는 교리부터 선교에 이르는 방대한 내용을 체계적인 커리큘럼으로 만든《디사이플6》를 미국 측의 허락을 받아 한국어 판인《라이프 성경공부》(Life Bible Study, LBS)로 새롭게 편찬했다. 한국 청소년 상황에 맞게 재편된 LBS 교재는 교단을 초월해서 한국 교회를 위해 무료로 제공할 예정이다. 이를 통해 교회학교를 비롯한 중고등부 청소년들의 신앙이 단단히 잡혀 가고, 그를 통해 신앙의 가지가 뻗어가 예수 그리스도의 제자로 세워지는 것, 이것이 바로 여의도침례교회가 성경 교육, 성경 훈련을 위해 아낌없이 헌신하는 이유다. 교

라이프 성경공부

회 내 청소년을 위한 소프트웨어가 부족하다는 지적으로부터 벗어나 과거에 교회가 세상의 문화를 압도했던 것처럼, 제대로 교육받은 다음 세대가 세상을 압도하는 아름다운 신앙의 열매를 맺어 가길 소망한다.

■ **성경적인 가정을 세워 가는 교회**

교회는 시스템이 갖춰진 종교 단체가 아니다. 건물 역시 본질이 아니다. 선한 목자 되신 예수 그리스도를 좇고 따르는 양이 교회이며, 그의 말씀을 좇아 행하는 제자가 교회다. 또한 다시 오실 예수 그리스도를 기다리는 신부가 교회다. 이런 하나님의 자녀들이 모인 곳이 교회다. 다시 말해, 하나님을 알고, 따르고, 모이는 가정 역시 올바른 교회로 세워지는 것이 하나님이 기뻐하시는 뜻이기도 하다.

국명호 담임목사는 가정 사역을 구체적이고 체계적으로 움직이도록 틀을 잡았다. 하나님의 창조 질서와 보존 질서를 유지하는 도구로서 성경적인 가정이 되기를 바라며 교회 차원의 노력을 이어 갔다.

제일 처음 시도한 것은 아버지 학교, 어머니 학교, 부부 학교, 나로 학교였다. 처음에는 타 교회에서 시작된 프로그램을 교회로 들여와 시도했는데, 외부 팀이 들어와 가정 사역 프로그램을 진행하면서 교회와 맞지 않는 부분이 보이기 시작했다. 교회마다 저마다의 문화가 있기 마련인데 정형화된 프로그램으로 아버지 학교, 어머니 학교를 운영하다 보니 훈련 후에 재생산이 이루어지지 않았다. 한마디로 훈련은 잘 받되 세워지는 과정이 원활하게 되지 않았다.

이후 국명호 담임목사는 가정 사역의 근간이 될 어머니 학교와 아버지 학교와 부부 학교를 교회 자체적으로 진행하도록 제안했고, 가정사역위원회를 통해 가정 사역 프로그램을 재정립해 나갔다. 여의도침례교회가 나아가는 방향에 맞게 성경적인 가정에 대해 고민하고 기도하며 이벤트 위주의 사역이 아닌, 말씀 중심의 사역으로 바꾸어 갔다. 교회의 문화와 분위기에 맞게 변화를 준 가정 사역은 각 훈련 과정을 통해 실제적인 가정 사역을 성도들에게 제공함으로 성경적인 가정을 세워 갔다.

저와 제 아내는 완전 반대 성향이었습니다. 성향이 반대인데다 부모님을 모시는 문제로 아내와의 갈등이 심화되면서 이혼까지 결심했으나, 여의도침례교회에서 자체적으로 진행하는 부부 학교 스태프로 섬기게 되면서 완전히 변화되었습니다. 처음에는 반신반의하는 마음이었지만 막상 부부 학교 스태프로 참여하면서 동병상련의 마음을 품고 있는 이들과 만나며 위로와 은혜를 받았습니다. 특히 부부 간의 모든 문제가 인간의 죄로 인한 것임을 깨닫고 말씀과 기도로 풀어야 함을 알게 되었습니다. 그 뒤 말씀 가운데 살기 시작하자 가정이 회복되기 시작했고, 아내와의 갈등도 사라졌습니다. 지금 저희는 26년차 부부로 신혼 때보다 더 좋은 관계를 이루며 살고 있습니다. 갈등으로 무너지기 일보직전인 우리 가정을 세워 주신 분은 하나님이십니다. 그 은혜에 감사하는 마음으로 믿음의 청지기가 되어 저희와 같은 위기의 부부들의 멘토가 되길 소망합니다.[50]

지난 10여 년의 시간 동안 여의도침례교회는 가정 사역을 위한 훈련으로 가정을 꾸려 갈 준비를 하는 결혼 예비 학교를 비롯해 아버지 학교, 어머니 학교, 부부 학교, 나로 학교 등의 사역을 통해 많은 가정에 선한 영향력을 주었으며, 현재 가정사역위원회에서 결혼 예비 학교와 마더 와이즈, 파더 와이즈, 부부 학교(홈 빌더) 등 네 개의 부서로 나누어 훈련 프로그램을 운영 중이다.

결혼 예비 학교는 예비부부와 신혼부부들을 대상으로 성경적 가정이란 어떤 것을 의미하는지 등의 가정에 대한 의미를 바로 세우는 훈

---

[50] 장홍석 집사(가정사역위원회) 간증문.

련이다. 3주간의 강의와 토의 방식으로 진행되며, 이 과정을 마치고 가정을 꾸리게 되면 이후의 프로그램을 통해 가정 사역을 훈련할 수 있다.

부부가 되어 가정을 이루면 부부 학교를 통해 가정을 세우는 훈련을 받을 수 있다. 부부 학교는 4주 동안 주제별로 강의를 듣고 토의하며 예식의 순서로 진행되어 성경적인 아름다운 가정에 대한 공부와 함께 이벤트에도 참여할 수 있다.

'지혜로운 아버지'라는 부제가 붙은 여의도 파더 와이즈 과정을 마친 남성 성도들의 훈련을 통한 변화는 계속되고 있다. 가정의 제사장인 아버지가 말씀 안에서 영적으로 깨달음을 얻어, 무너진 가정이 다시 일으켜지고 있다.

파더 와이즈(2022년)

해외 주재 생활을 하면서 그간 훈련과 영적 성장에 대해 목말라하고 있던 참에 파더 와이즈 과정에 참가하게 되었습니다. 해외에서 누리지 못한 교회 훈련에 대한 갈급함을 바탕으로, 교제와 훈련을 통해 하나님이 우리 부부, 우리 가정에게 주시는 사랑을 느끼고 싶었습니다. 처음에 파더 와이즈 교재를 읽었을 땐 6년 전 아버지 학교와 별 차이가 없다고 생각됐으나, 매일 아침 시작되는 성경 공부와 나눔, 짝 기도를 통해 그때와는 차원이 다른 수준 높은 클래스의 훈련임이 깨달아졌습니다. 무엇보다 먼저 자녀를 키우신 선배 형제님들, 동년배 형제들을 통해 하나님의 가정과 세상을 향한 뜻이 무엇인지, 우리가 어떤 마음으로 하나님이 우리에게 주신 특권과 의무를 다해야 하는지 알게 되었습니다. 특히 비슷한 처지를 먼저 겪으신 형제들의 간증과 나눔은 인간적으로, 신앙적으로 큰 도움이 되었는데, 하나님은 주변 지체들을 통해 새로운 힘을 주신다는 사실을 깨닫고 과연 공동체가 얼마나 중요한지 알게 됐습니다.

과정을 마치며 아직 부족한 부분은 많지만 이 땅에서 하나님의 자녀로서 어떤 아버지가 되어야 하나님 보시기에 아름답고 지혜로운 아버지가 되는가를 알게 되었고, 그 깨달음을 가지고 믿음의 가정을 세워 나갈 것을 기도하며 나아가고 있습니다.[51]

마더 와이즈는 예전에 진행하던 어머니 학교를 교회 상황에 맞춰 재정비한 교육 프로그램이다. 모든 어머니와 여성을 대상으로 개인적인 성경 공부와 소그룹 모임, 중보 기도와 양육자로서의 어머니가 어

---

[51] 신동욱 집사(파더 와이즈 1기 수료자) 간증문.

떻게 자녀를 키울 것인지 마더링 스킬 등을 배우고 훈련한다. 마더 와이즈 역시 큰 반향을 일으키며 아름답게 변화되는 믿음의 가정의 자화상을 만들어 내고 있다. 마더 와이즈는 성도들을 대상으로 훈련 프로그램을 진행하기도 하지만, 목회자 사모들을 대상으로 진행해 특별한 은혜를 맛보기도 했다.

전도사 사모로서 영적으로 이끌어 줄 멘토도 없이 외로움과 단절된 상황 속에서 갈급함과 메마름에 힘들어하고 있을 때, 이미 저희와 같은 어려움을 경험한 담임목사 사모님의 사랑과 섬김의 결단으로 사모회가 시작되었습니다. 이 훈련을 통해 내가 있어야 할 곳이 어디인지, 내가 세워 가야 할 것이 무엇인지 알 수 있었고, 담임 사모님의 인도로 통독과 필사, 큐티 등을 통해 영적인 갈급함이 영적인 훈련으로 채워졌습니다.

지금은 마더 와이즈를 통해 나의 정체성과 하나님과의 관계, 남편과의 관계, 자녀와의 관계를 말씀으로 정립함으로 주님께서 주신 자유와 지혜를 구하며 나가는 행복한 사모의 자리를 지키게 해 주셨습니다. 부족하고 연약한 저를 하나님 나라를 위해 교회를 세우는 일에, 또 경건한 자손을 양육하는 일에 세워 주신 하나님께 감사의 고백을 드립니다.[52]

2022년, 코로나19의 여파로 교회 내 훈련 프로그램이 원활하게 진행되지 못하기도 했으나 가정 사역만큼은 지속적으로 맥을 이어 갔다. 가정을 바로 세우는 사역을 기뻐하시는 하나님의 뜻에 따라 온라

---

52  신은숙 사모(사모회, 마더 와이즈 수료자) 간증문.

마더 와이즈(2022년)

인 마더 와이즈 모임을 개설하고, 부부 학교에 온라인 홈 빌더 사역을 도입했다. 참여하는 부부들의 나눔에 대한 부담을 줄여 주는 동시에 불신자들도 쉽게 접근할 수 있는 프로그램을 계획하는 등 여의도침례교회의 가정 사역은 교회 내 성도들뿐 아니라 이 땅의 가정을 복음화하는 사역을 향해 나아가고 있다.

## 8

# Dedication
## : 사랑으로 헌신하는 교회

### ■ 땅끝을 향하는 성도들의 헌신, 아웃리치

해마다 선교 주간이 되면 여의도침례교회 앞마당은 성도들로 분주하다. 각 교구, 기관에서 주관하는 바자회 때문인데, 교구별로 마련된 부스에서는 각종 나눔 행사가 진행되고, 여기저기에서는 기부도 이어진다. 하나님으로부터 받은 첫 번째 계명이 '서로 사랑하라'인 만큼 여의도침례교회 성도들은 이웃을 내 몸같이 사랑하라는 계명을 실천하는 의미로 2013년부터 해마다 아웃리치를 통한 사랑과 은혜를 나누고 있다.

바자회의 첫 시작은 국명호 담임목사가 부교역자로 섬기던 청년부에서 주관하는 농어촌 교회 봉사 활동 기금 마련 행사였는데, 그 후 성도들로 이어져 해마다 선교 주간이 되면 교구별로 진행되고 있다. 상당히 보수적인 분위기의 교회지만 아직 자립하지 못한 어려운 교회를 재정으로, 마음으로, 행동으로 돕는 것이 예수 사랑의 실천이라는 사실에 모두가 공감해 기꺼이 동참했고, 지금까지 아웃리치의 아

선교 바자회(2018년)

선교 대회(2014년)

름다운 역사를 만들어 가고 있다.

　해마다 6월 선교 주간에 여의도침례교회와 관계를 맺고 있는 미자립 교회나 선교지 등에서 각 교구를 통해 필요한 섬김을 부탁해 오면 짝이 맺어진 교구별로 이를 위해 기도하며 준비한다. 예를 들어, 주일학교 행사에 지원이 필요한 상황이면 청년부와 연결을 맺어 여름 성경학교를 돕는다거나, 군 사역을 하는 교회는 군 장병을 위한 행사 지원을 의뢰하는 식이다. 교회와 교구 간의 연결이 이루어지면 함께 기도하며 최선을 다해 도울 수 있는 방법을 모색해 복음을 전하는 기쁜 발걸음이 된다.

　아웃리치 사역은 봉사하는 쪽과 지원받는 쪽 모두에게 은혜가 되어 크고 작은 간증들이 쏟아지고 있다. 선교 기금 마련 행사를 준비하는 과정에서부터 뜻하지 않은 자연 재해로 행사 자체에 어려움이 있었으나, 무엇 하나 뜻대로 예상되는 것이 없는 상황 가운데서 기도하며 나아가니 아웃리치 사역을 하는 날 무섭게 내리던 비가 멈추어 그 어느 때보다 풍요롭고 은혜로운 봉사 활동을 할 수 있었다는 성도의 고백, 뜨거운 여름날 군부대 아웃리치에 동참하면서 이 나라 젊은이들을 섬기고 복음을 전하는 일에 더욱 사명감을 갖게 되었다는 간증, 인종과 종교, 국적, 신분, 정치적 견해 등을 이유로 박해를 받아 다른 나라로 망명한 제주 난민 가정을 방문해 그들을 위로하며 사랑을 전했을 때 오히려 성도를 위해 중보하는 그들에게서 큰 위로를 받으며 난민 사역에 대한 사명감을 확인했다는 고백 등 과연 예수님의 사랑은 나눌수록 곱절이 되어 되돌아온다는 것을 확인시켜 주고 있다. 일본과 베트남 그리고 중앙아시아 지역 등 교회가 선교하는 사역지에서의 아웃리치 사역도 은혜가 되어 열매를 맺고 있다.

여의도침례교회에서 베트남으로 향하는 첫 아웃리치에 참가하면서 베트남 한인 교회와 대한어린이집, 현지 교회인 닥락의 에페교회까지 총 세 군데에서 사역을 하게 되었습니다. 직장인은 회사 휴가를 내고, 학생은 방학 스케줄을 조정하는 등 각자 삶의 자리에서 결단하고 베트남에 온 것이었지만, 사역 중 함께 말씀을 읽고 나누며 그 부르심이 얼마나 감사한 것인지 다시 한 번 깨달았습니다. 무엇보다 그곳에서 일하고 계신 하나님을 만나며 온 세상을 다스리고 사랑하시는 하나님을 향한 헌신을 더욱 다짐하게 되었습니다.[53]

여의도침례교회에서 첫 사역을 시작한 한 교역자는 청년들과 함께 일본 오사카중앙교회로 아웃리치를 떠나 하나님이 주신 은혜를 경험했다. 일본의 현지 아이들을 대상으로 하는 친구 초청 잔치를 교회와 함께 준비하며, 복음이 전해진 지 150년이 되었으나 복음화율이 1퍼센트밖에 되지 않는 일본을 위해 기도하고 또 기도했다. 그리스도의 복음이 전해지기를 간절히 소망하며 프로그램 하나하나를 기도하며 준비한 결과, 10명이 넘는 일본 아이들을 보내 주시어 하나님의 사랑을 전하게 하심으로 눈앞에서 복음이 증거되는 현장을 경험하도록 하셨다. 특히나 현지 교회 사역자들의 간절함과 헌신적인 사역의 모습은 큰 도전이 되었고, 아웃리치 사역이 떠나는 이들에게 더 큰 은혜와 도전이 되고 있음을 고백했다.[54]

---

53 조은아(청년 2부) 아웃리치 간증문.
54 청년부 아웃리치 보고서.

아웃리치 사역을 통해 도움을 받게 된 교회에서도 감사의 마음을 전하고 있다. 교회의 본질인 영혼 구원 사역을 해내기 위해서는 교회의 권위가 실추된 현실 속에서 교회 스스로 세상을 향해 선한 이웃으로 다가가는 것이 중요하다는 생각을 하고 있던 홍성의 한 목회자는 아웃리치를 통해 지역의 연로한 어르신들을 섬기기로 했다. 교회에 와 보지 않은 분들이 교회에서의 섬김을 경험하도록 하는 목표를 두고 마을을 다니며 어르신들을 초청해, 행사가 있는 날 서울에서 내려간 여의도침례교회 성도들이 준비한 식사, 연주와 강좌, 특송, 선물에 이르기까지 모든 과정을 사랑으로 섬긴 덕분에 그 교회는 지역 주민들과 잘 소통하는 교회가 되었다.

제성에서 어렵게 목회를 하고 있는 한 목회자는 낯선 환경에 적응이 쉽지 않아 전도의 어려움을 겪고 있었는데, 아웃리치 팀과 연결이 되어 주민 초청 마을 잔치를 하기로 했다. 본교회 교구 목회자를 통해 지역의 환경을 고려한 사역들을 제안 받아 함께 기도하고 의논한 결과 시골의 작은 교회에서는 상상할 수 없는 큰 사역을 할 수 있었고, 이 일을 계기로 교회 성도들은 자신의 지역뿐만 아니라 더 멀리까지 복음을 증거하는 증인이 되었다. 무엇보다 제한 없이 나눔을 실천하고 헌신한 이들의 모습을 통해 예수의 사랑을 나누는 자가 되겠다는 결단을 이끌어 내는 등, 아웃리치 사역의 열매는 여전히 곳곳에서 맺히고 있다.

2022년, 코로나19 여파로 아웃리치 사역은 잠시 중단되었다. 모이는 것을 제한받는 안타까운 현실 앞에서 잠시 멈추게 되었지만, 사랑의 온도가 내려간 것은 결코 아니다. 여전히 여의도침례교회는 성도들의 직접적인 나눔과 헌신이 이어지도록 다양한 방법으로 아웃리치를 실천하고 있으며, 다시 모이게 되는 날 예전보다 갑절의 사랑의 나눔을 실천하기 위해 준비 중이다.

우리 교회는 섬김과 사랑을 가지고 다음 세대들을 세우며 하나님께서 주신 비전을 국내 어려움 가운데 있는 교회들을 중심으로 지속적으로 섬겨야 할 것입니다. 주님의 말씀에 순종함으로 나아간 국내외 아웃리치를 통하여 맺은 아름답고 귀한 열매들을 모든 성도님들과 함께 나누게 됨을 감사합니다. 이 나눔을 통해 바라기는 더 많은 성도님들과 청년들이 가족과 같은 마음으로 매해 동참하기를 기도합니다. 우리 여의도침례교회가 주님 오실 때까지 계속해서 축복과 은혜를 나누는 국내외 아웃리치 사역을 땅끝까지 더 많이, 더 멀리, 더 낮은 곳을 섬기는 교회가 되길 기도합니다.[55]

개척 3년차였던 2016년, 자격도 조건도 없던 시골 깡촌 무명한 교회와 기적처럼 연결된 여의도침례교회와의 협력 사역은 지금도 큰 감동과 위로를 줍니다. 처음 충북 옥천군 인포리라는 땅에 예배당을 지을 때, 절대 마을 주민들에게 전도 활동을 하지 않고 선물이나 물품 공세를 안 하겠다는 합의를 했었던 터라 교회 사역이 너무도 어려웠습니다. 그러던 차에 여의도침례교회와 연결이 되었고, 감사하게도 협력할 수 있는 기회를 얻어 마을 잔치를 준비하게 되었습니다. 이 마을 역사상 주민의 30퍼센

---

[55] 아웃리치 보고서에 대한 국명호 담임목사의 감사의 글.

트가 참여하는 행사가 없었기에 고민도 많았고 기도도 많이 했는데, 행사 이틀 전부터 도착하여 최고의 폭염 속에서 헌신한 여의도침례교회 청년들을 보면서 정말 하나님께 감사했습니다. 과연 이들의 헌신 덕분이었을까요? 함께 기도하며 준비한 구역원들의 기도가 주민들의 마음을 무장 해제시켰는지, 마을 잔칫날 주민의 85퍼센트가 참석하는 놀라운 일이 일어났고, 그토록 교회를 반대하던 분들도 스스로 교회당에 들어와 식사를 하며 마음의 문을 열었습니다.

그리고 그 다음 해, 다시 한 번 여의도침례교회 성도들과 함께하는 사역을 통해 인포리 마을에 확실한 복음의 열매가 맺혔습니다. 먼저 온 청년들은 중고 컨테이너를 붙여 만들어 놓은 흉물스러운 교회당 식당에 페인트로 예수를 입혀 아름다운 건물로 만들었고, 어르신을 섬기고, 농촌 일손 지원을 통해 귀한 사역을 이어 가며 전도 잔치를 했습니다. 감사하게도 그날 참석한 분들 중 15퍼센트가 현재 더함교회 교인이 되었고, 3명의 어르신이 최초로 침례를 받는 놀라운 열매까지 맺었습니다.

우리 교회는 여의도침례교회의 섬김을 통해 귀한 열매를 경험했고, 그 일들이 얼마나 유용한 섬김인지 경험했기에 여의도침례교회의 이 아웃리치를 통한 섬김의 사역이 더 큰 은혜와 열매를 가져올 것을 믿습니다. 귀한 사명을 통해 셀 수 없는 많은 개척 교회를 섬기고 살리는 일에 함께한 여의도침례교회에 감사한 마음을 전하며, 주님 오실 그날을 위해 헌신하는 교회가 되길 기도합니다.[56]

---

[56] 김준영(더함교회 담임), '여의도침례교회 50주년 기념 축하 메시지'에서 발췌.

## ■ 축복을 흘려보내는 교회

이십여 년 전의 일이다. 여의도침례교회 부교역자로 대학부를 섬기던 국명호 목사는 청년들과 방학을 이용해 시골 교회를 찾았다. 본교회에서 재정적으로 돕는 농어촌 교회를 격려차 방문해서 부족한 부분을 돕는 일이었는데, 막상 도착해서 보니 그 교회는 지역에서 제일 큰 교회였다. 한눈에 봐도 그 지역에 더 어려운 교회가 많아 보였기에 청년들을 설득하기 시작했다. 아직 제대로 자립하지 못한, 더 어려운 교회들을 찾아가 필요한 도움을 주는 게 진정한 봉사라는 이야기를 나누며 청년들과 의견을 나누었다.

다행히 이러한 의견에 다들 공감했고, 다음 봉사 활동을 앞두고 조금 더 적극적으로 교회 돕기를 준비했다. 대학부가 주관하는 바자회를 처음으로 교회에서 열었고, 젊은 청년들의 교회 돕기 바자회에 여전도회를 비롯한 많은 성도들이 기부해 주었다. 하루 동안 바자회를 열어 얻은 첫 수익은 7백만 원. 그 바자회 기금은 시골의 어려운 교회를 돕는 재정으로 모두 지원되었으며, 그때부터 여의도침례교회의 미자립 교회 3년 지원이라는 규정이 생기면서 청년들이 봉사 활동을 나가게 되었다.

물론 여의도침례교회는 해외 선교와 함께 국내의 어려운 교회를 돕는 사역을 계속해 왔으나 그동안은 상황에 맞게 유기적으로 진행되었다면, 국명호 담임목사 취임 이후부터는 자립하지 못한 교회를 돕는 사역에 대해 체계를 잡아 갔다. 이는 아웃리치를 통해 성도들의 헌신으로 예수의 사랑을 흘려보내는 나눔 사역의 확장이기도 했다.

부족한 자신에게 큰 교회를 맡겨 주신 은혜에 감사했기에 함께하는 목회를 하고자 미자립 교회에 대한 비전을 가지고 있던 국명호 목사는 제일 먼저 미자립 교회 지원에 대한 현황을 파악했다. 과연 파악해 보니 해외 선교에 대한 체계가 확고히 잡힌 것과는 달리 미자립 교회에 대한 체계는 미약했다.

"먼저 우리 교회가 지원하는 교회들의 실태를 파악해 봅시다."

국명호 담임목사는 여름 방학을 이용해 교회들을 직접 방문하기도 하고 선교부 교역자를 보내기도 하며 교회의 상황을 정확히 알아보았다. 물론 주일 사역을 하며 모든 교회를 방문하는 것이 현실적으로는 한계가 있었기에 농어촌 선교 부서를 따로 세워 이 일을 관리하도록 했다.

현황을 파악하다 보니 생각했던 것보다 어려움을 겪고 있는 교회들이 많았다. 어떤 곳은 하루에 방문하기도 어려운데다 성도들의 방문보다 지원이 더 시급한 상황이기도 했다. 특히 여러 교단 중 침례교단 내 미자립 교회가 더 많다는 한계도 있을 것이다.

이러한 현실을 성도들과 나누었다. 복음이 들어가지 않는 곳이 없어야 한다는 사명감으로 농어촌 지역에서 복음을 전하는 교회가 얼마나 귀한지를 이야기하며 미자립 교회 지원에 대한 비전을 나누자 성도들 역시 아멘으로 공감했다.

"성도 여러분, 복음은 시골이나 도시나 공평하게 전해져야 합니다. 농어촌 교회가 자립하지 못하는 것은 어쩌면 당연한 일입니다. 너무 어려운 상황에서 포기하지 않고 지켜 가고 있는 교회를 우리가 지원해 줘야 하지 않겠습니까? 그러기 위해서는 미자립 교회의 지원 예산을 늘려야 하는데, 이를 위해 수년 전에 청년부가 시도했던 교회 돕기 바자회를 열어 그 수익금을 교회를 지원하는 데 전액 사용하도록 하겠습니다."

국명호 담임목사의 제안으로 교회 돕기 바자회가 시작되었다. 보수적인 교회에서 주일에 바자회를 여는 것이 쉬운 일은 아니었지만, 이 비전에 동참하는 많은 성도가 선교 주간을 맞아 시작한 바자회에 함께했다. 2015년 처음 바자회를 시작했을 때, 당시 메르스 사태로 예배당에 나오지 못하는 상황인데도 3천만 원의 기금이 모였다. 이 수익은 해마다 증가해, 2019년에는 2주간 모금한 1억 원의 헌금으로 국내 13개 미자립 교회와 해외 3개 교회를 지원했다. 2020년에는 코로나 팬데믹으로 잠시 중단되었으나, 미자립 교회의 지원은 교회 차원에서 계속 이어 갔다.

미자립 교회를 향한 나눔 지원 사역은 더욱 구체적으로 확장되었다. 교단의 국내선교회와 함께하는 CPR 프로젝트가 그것이다. CPR 프로젝트는 부흥을 위한 교회 지원(Church Provision Revival)을 의미하는 것으로, 국내 미자립 교회에 교단을 통해 재정을 긴급 지원하고 교회가 자립할 수 있도록 돕는 사역이다. 교회 차원에서 미자립 교회의 현황을 파악하고 지속적으로 돕는 사역도 진행하지만, 교단과 함께하는 이 프로젝트는 보다 지경을 넓히고 전방위적으로 돕는 사역으로서, 여의도침례교회가 연 1억 원의 지원금을 기탁하면 국내선교회는 지원을 요청한 미자립 교회에 꼭 필요한 시설을 검토하고 선정해서 시설 구입에 사용한다. 막 개척한 교회, 여러 가지 사정으로 자립이 어려운 교회, 낙후된 환경 때문에 자립이 불가능하지만 꼭 있어야 할 지역 교회 등 교회 창립 5년 이내인 개척 교회와 담임목사 취임 5년 이내인 미자립 교회를 우대해서 선정하며, 필요한 시설물의 지원으로만

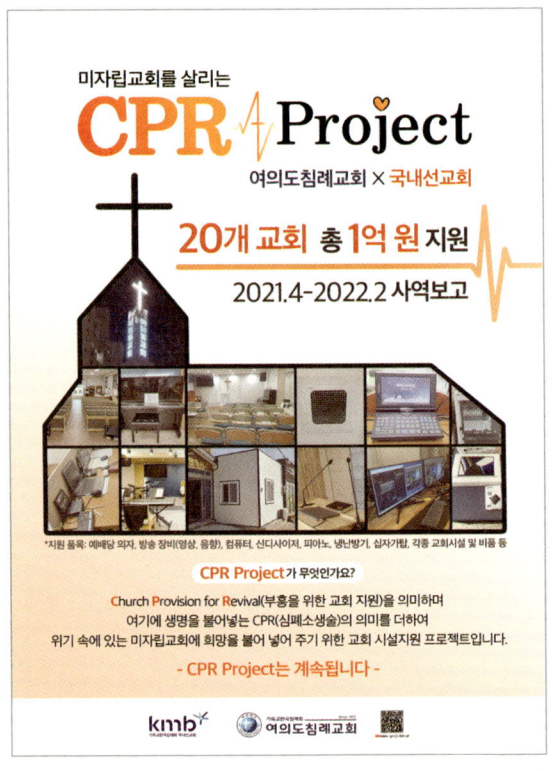

CPR 프로젝트(2021년)

한정하고, 각 교회에 최대 지원금을 1천만 원으로 정하는 원칙을 세웠다. 이 프로젝트 역시 한 성도의 헌신 덕분에 당초 예산의 50퍼센트로 사역을 시작할 수 있었는데, 과연 하나님은 자발적인 성도의 귀한 헌신을 통해 이 사역이 필요하다는 것을 보여 주셨다.

CPR 프로젝트를 통해 교회가 교회를 살리는 나눔이 진행되면서 교회에 필요한 시설을 지원하는 일에 많은 교회가 고마워했다. 코로나 팬데믹으로 인해 대면 예배가 어려워진 상황에서 미자립 교회들은 온라인 송출 시설조차 갖춰져 있지 않기에 예배 자체가 어려웠다.

그 흔한 냉난방 시설이 여의치 않은 곳도 부지기수라 이러한 교회들을 찾아가 필요한 시설과 긴급한 재정을 지원했다.

여의도침례교회와 교단이 함께한 CPR 프로젝트는 마치 심폐 소생술로 생명이 살아나는 것처럼 교회를 살리는 사역이 되어 가고 있다. 지역 주민들이 새롭게 변화된 교회로 모이고 있고, 성도들의 신앙생활도 활기를 찾아가고 있기 때문이다. 교회를 살리는 일은 은혜와 마음과 섬김의 나눔을 통해 가능하다. 앞으로도 여의도침례교회는 받은 은혜를 나누며 받은 복을 흘려보내는, 섬김과 나눔의 예수 사랑을 실천하는 교회로 나아가고자 한다.

현재 코로나19의 여파 속에 국내 선교가 더 중요해지고 있습니다. 많은 미자립 교회와 개척 교회들이 이 위기 속에 무너지는 가운데 여의도침례교회는 국내 선교를 더 확장하였고, CPR 프로젝트라는 새로운 사역도 시작하였습니다. 이것이 여의도침례교회의 국내 선교가 매우 특별하고 귀한 점이라 생각됩니다. 여의도침례교회는 미자립 교회와 개척 교회의 필요를 외면하지 않고 그 교회들의 자립을 돕는 데 지금까지 20개의 교회에 1억 원을 지급했으며, 그들은 가장 필요로 하는 시설을 지원받게 되었습니다. 이 사역은 저희가 원래 생각한 것보다 더 의미 있었고, 교단의 미자립 교회와 개척 교회에 큰 희망을 주고 있습니다. 어려움에 있던 교회들을 다시금 일어나게 했고, 이는 목마른 자에게 주는 생수와 같은 것이라고 생각합니다.[57]

---

[57] 유지영(기독교한국침례회 국내선교회 회장), '여의도침례교회 50주년 기념 축하 메시지'에서 발췌.

포항 오천읍에서 개척 목회를 하고 있는 목사입니다. 이곳에 개척할 때 주택에 벽 하나 허물고 예배 공간을 만들어 교회를 시작했는데, 부흥이 되면서 건축을 시작했고, 비용 문제로 공사가 중단되었습니다. 설상가상 몸이 아파 여러 번 수술을 하는 등 힘이 들어 포기하고 싶을 때도 있었지만 하나님께서 그때그때 채워 주셨습니다. 하지만 예배당을 짓고 완공을 앞두고 있을 때 코로나가 창궐하게 되었고, 또다시 절망을 겪고 있을 때 CPR 프로젝트를 통해 다시 일어나게 되었습니다. 덕분에 방송 장비도 구입하고, 건물 주변 바닥 공간에 포장 공사도 했으며, 예쁜 방도 하나 만들어 교제하고 기도하고 쉴 수 있게 되었습니다. 이것은 마치 꺼져 가는 등불에 기름을 채워 주는 것과 같고, 피가 모자라는 환자에게 응급 수혈을 하는 것 같은 은혜였기에 때를 따라 도우시는 하나님의 은혜를 성도들에게 간증하며 일어설 수 있었습니다. 이 도움 잊지 않고 가난하지만 행복한 교회, 작지만 위대한 교회를 꿈꾸며 열심히 사역하겠습니다.[58]

## ■ 교회로 교회를 살리다

2012년, 국명호 목사가 담임으로 부임하게 되었을 때였다. 돌아온 교회에는 선배 목회자들이 그대로 사역을 이어 가고 있는 상황이었다. 동역자의 입장에서 아쉬운 부분이기도 했다. 목회자로서 다양한 사역의 기회를 제공할 수 있기를 기도하던 중 대전의 한 교회와 형제 교

---

[58] 정귀수 목사(오천침례교회 담임), '여의도침례교회 50주년 기념 축하 메시지'에서 발췌.

회를 맺게 되었다. 어려운 교회에 재정적인 지원을 했고, 교회와 협의해서 담임목사 인사권을 제안해 본교회 목회자를 대전 교회에 담임목사로 파송할 수 있었다.

그런데 3년 뒤 대전 교회로 부임한 목사가 사임하게 되면서 교회 성도들로서는 이러한 상황이 상처가 되었기에 이 상황을 정리하기 위해 국명호 목사가 대전으로 내려갔다.

"목사님, 저희는 지식이 풍부한 목회자를 원하는 게 아닙니다. 그저 우리들을 오랫동안 사랑해 줄 수 있는 목사님이면 됩니다. 그런 목사님을 보내 주세요."

"네, 알겠습니다. 본의 아니게 성도님들께 상처를 안겨 드리게 되어 송구하게 생각합니다. 기도 많이 하고 성도들을 진심으로 아끼고 사랑할 수 있는 목회자를 보내 드리겠습니다."

진심을 다해 사과를 한 뒤 심사숙고한 끝에 본교회에서 좋은 목회자를 담임목사로 세울 수 있었다. 그와 함께 형제 교회에 대한 재정 지원을 3년 더 연장하며 지금은 '행복한 우리교회'라는 새로운 이름으로 교회가 아름답게 자립해 나가고 있다.

여의도침례교회는 '사랑으로 헌신하는 교회'라는 목표를 향해 계속 나아갔다. 복음이 필요한 곳이라면 어디든 선교지라 여기고 축복을 흘려보내려고 노력했다. 그러다 보니 국내에 새로운 교회 개척지가 계속해서 생겨났다. 한번은 어느 개척 교회 목회자로부터 어려운 상황 이야기가 전해졌다. 목사님은 지금까지 어렵게 교회를 이끌어 오며 어느덧 은퇴 시점을 맞게 되었건만 교회가 어려워 은퇴를 하고 싶어도 할 수 없었다. 이 안타까운 사연을 통해 여의도침례교회의 지원을 받고 싶다는 바람을 전했고, 담임목사를 비롯한 교회 관계자들이 의논 끝에 교회를 돕기로 결정했다. 사실 여러 가지 정황상 교회를 개척하는 일이 현실적으로 쉽지 않은 가운데, 기존의 개척 교회를 지원해서 교회를 살릴 수 있는 일이야말로 또 다른 개척이라는 믿음이 생겼다. 게다가 교회가 자립하지 못한 시점에서 담임목사가 은퇴도 하지 못하고 있으니, 이런 어려운 상황을 돕고 좋은 목회자를 파송한다면 서로에게 선한 일이 될 것이었다.

다만 교회를 돈으로 매매한다는 오해를 받을 수도 있기에 이에 대한 원칙을 정했다. 앞으로도 이런 경우가 있을 때 교회가 개척 선교 차원에서 적극적으로 돕겠지만, 그쪽 교회에서 원하는 경우에만 진행하되 개척 교회로서 그 교회를 지켜야 할 명분이 있어야 하며, 앞으로 성장할 수 있는 가능성을 따져 전 교인의 동의하에 진행하기로 했다. 이러한 방침에 실행위원회가 찬성했고, 본교회에서 10년 이상 사역한 부교역자를 그 교회의 담임 목회자로 보냈다. 그렇게 다시 세워진 서울동북제일교회는 여의도침례교회의 지원과 함께 든든하게 세워져 가는 중이다.

개척이 쉽지 않은 상황에서 아직 자립하지 못했지만 비전이 있는 교회들을 다시 새롭게 시작할 수 있도록 지원하는 것은 또 다른 개척이라고 생각합니다. 실질적으로 은퇴한 목회자들의 현실적인 문제를 해결하는 동시에 준비된 목회자들에게 기회를 주기 때문입니다. 물론 저희 교회로서는 목회자의 인사권에는 일절 관여하지 않음에도 오해의 소지가 있어 조심스럽지만, 그럼에도 현실적으로 볼 때 세우는 교회보다 문을 닫는 교회가 많은 상황에서 기존의 세워진 교회들이 새로운 목회자와 함께 다시 시작할 수 있는 기회를 줄 수 있기에 이 사역은 앞으로도 중단하지 않고 계속해서 진행하려고 합니다.[59]

이러한 국내 개척 지원 사역이 이어지면서 국명호 담임목사는 설교를 통해 국내 개척에 대한 비전을 성도들과 나누었는데, 어느 날 한 성도의 가정이 면담을 요청했다.

"목사님, 다름 아니라 설교를 듣던 중에 하나님이 소원을 주셨습니다. 개척 교회를 위한 헌금을 하고 싶습니다."

주님 앞에 옥합을 깨뜨리는 헌신인 2억 원이라는 헌금 앞에 국명호 담임목사는 큰 감동과 함께 개척 사역을 위해 기도하기 시작했다. 이미 베를린 지교회 사역을 통해 목회자의 성품이 얼마나 중요한지를 깨달았던 터라 인격을 갖추고 감사할 수 있는 마음을 가진 목회자를 세우게 해 달라고 기도하며 지혜를 구했다. 특히 자신의 이름을 밝히지 않고 헌신한 이들의 믿음이 너무 귀했기에, 교회에 본이 되는 사례가 되기를 기도하는 마음으로 진행했다. 하나님이 원하시는 목회자를 찾기 위해 〈침례신문〉에 공개 모집까지 진행하며 3년간 20명의 목회자를 보았지만 확실히 준비된 목회자를 찾지 못했다.

그러던 중 여의도침례교회에서 사역을 하다가 청빙 받아 다른 교회로 가게 된 목사가 안타깝게도 교회를 떠나게 됐다는 소식을 접했다. 있을 수 없는 일이 일어났기에 함께 아파하며 기도하던 중 개척에

---

**59** 국명호 목사 인터뷰.

대한 이야기를 꺼내게 되었고, 하나님의 뜻하심에 따라 대구에 섬김의교회를 개척할 수 있었다. 워낙 오래된 건물에 개척을 했기에 리모델링이 시급했는데, 이 역시도 본교회를 섬기는 성도의 헌신과 수고로 새 교회로 탈바꿈해서 지금은 그 교회가 주축이 되어 대구 지역의 복음화를 위해 애쓰고 있다.

여의도침례교회는 다양한 나눔을 통해 복음이 전해질 수 있는 곳이면 어디든, 복음을 향한 길이라면 어떤 형태든 적극적으로 마음의 문을 열고 협력하고 있다. 특히 이미 세워진 교회를 향한 하나님의 축복의 손을 놓치지 않기 위해 최선을 다해 교회 차원에서 돕고자 한다. 복음이 사람의 생명을 살리듯 교회로 교회를 살리는 사역이 지금의 시대에 누군가 반드시 해야 할 사명이라 믿기 때문이다.

## ■ 교회의 지체로 든든히 서 가는 기관 선교

매년 6월 셋째 주 주일, 선교 대회 때 하는 선교 바자회를 의료 선교회에서는 참여하지 않았지만, 2019년부터 의료 선교회를 교회에 홍보하고 수익금을 여름 해외 단기 봉사 때 사용하기 위해 바자회에 참여하게 되었습니다. 건강식품, 음료를 후원받아서 판매한 수익금으로 해외 단기 봉사 때 현지 영혼들을 잘 섬기는 데 사용하게 되었습니다.

드디어 2019년 8월 15일, 의료 선교 팀은 인천공항을 출발해서 미얀마 양곤 공항에 도착하게 되었습니다. 당시 미얀마에 독감이 3주 전에 휩쓸고 지나가 준비한 독감 예방 접종을 제대로 하지 못했고, 홍역 예방 주사도 현지인들의 인식 부족으로 인해 몇 명에게만 접종할 수밖에 없었습니다. 백신을 현지에 남겨 두고 나중에 꼭 접종해 달라고 부탁하고 왔지만, 인간이 할 수 있는 영역이 아닌 하나님께서 해 주셔야 함을 인정하고 고백할 수밖에 없었습니다. 또 양곤에 도착하기 전날, 현지에 계신 선교사님께서 카톡으로 비가 너무 많이 와서 물에 잠긴 유치원 사진을 보내며 중보 기도를 요청해 주셨습니다. 하지만 도착한 날부터 마지막 날까지 비 한 방울도 허락하지 않으셔서 진료 팀, 어린이 사역 팀, 이미용 팀, 전도 팀 모두 순조롭게 사역을 할 수 있었으며, 이 모든 것이 하나님의 은혜임을 깨닫게 되었습니다.

또한 사역 마지막 날 현지인 가정을 팀별로 방문하는 시간을 가졌는데, 가난하고 어렵고 힘든 가정들이지만 한국에서 온 우리들을 반겨 주시고 예수님을 전했을 때 잘 들어 주셔서 방문한 저희가 더 큰 은혜를 받는 시간이었습니다. 4박 5일의 미얀마 양곤 의료 단기 봉사를 통해 500명이 넘는 환자들을 섬길 수 있었고, 150명 이상 모인 미얀마 어린이들에게 성경 말씀과 활동 등을 통해 복음을 전할 수 있었습니다. 또한 이미용 팀은 현지 분들께 헤어 컷과 염색까지 해 주며 하나님의 사랑을 전할 수 있었습니다. 비록 여러 가지로 많이 분주한 시간이었지만 한국에서 온 봉사자들을 위해 한국 음식까지 만들어서 섬겨 주신 현지 한인 교회 성도님들과 선교사님 부부에게 큰 감사를 드리며, 큰 감동을 받는 시간이 되었습니다. 또한 하나님께서 의료 선교회와 함께하심을 깨닫는 귀중한 시간이었습니다.[60]

---

**60** 해외 의료 선교회 선교 보고서 내용 중.

해외 단기 의료를 다녀온 의료 선교회 회원의 고백이다. 예수 그리스도를 자신의 구주로 영접하고 진정한 그리스도인으로 신앙생활을 시작하면 신앙의 여정 가운데 분명 아브라함과 같이 변화의 갈림길을 만나게 되는 순간이 있다. 그 순간에 겨우 신앙을 지키는 근근부지의 성도가 아닌, 아브라함처럼 믿음을 가지고 과감한 결단으로 나아가는 용감무쌍한 성도가 있다. 세상에서 직장생활로, 교회 내 여러 사역으로 분주함에도 불구하고 하나님께서 주신 달란트를 가지고 시간과 재정을 기꺼이 헌신해서 수고하는 이들이 있다. 바로 교회의 기관 선교 사역자들이다.

여의도침례교회의 의료 선교회는 주님이 주신 달란트인 의술로 복음을 전하는 선교회다. 의료 사각지대에 방치된 이들을 찾아가 그리스도의 마음을 전해 온 의료 선교회는 교회 내 모든 의료 종사자 및 일반 성도들이 예수 안에서 기도와 봉사로 연합하여 의료 선교 사업을 통해 복음을 전파해 왔다.

1987년에 시작된 의료 선교회는 1990년에 잠시 활동이 중단되었다가 1991년에 다시 결성되어 지금에 이르기까지 의료 선교를 해 오고 있다. 1999년, 중국 연변을 시작으로 해외 의료 선교 활동을 시작한 선교회는 청도와 카자흐스탄, 우즈베키스탄, 몽골, 필리핀, 인도네시아, 캄보디아 등에 하나님 나라를 전하고 병든 자를 고치라는 말씀에 순종하며 나아갔고, 2015년과 2016년, 2019년에는 미얀마 양곤에서, 2017년과 2018년에는 카자흐스탄 의료 봉사를 통해 의료 선교를 실시했다. 국내 의료 선교 활동에도 적극적으로 임해서, 여의도침례교회의 형제 교회인 곤지암 아우름교회에서의 정기적인 의료 봉사를 비롯해 일산의 중국 선교회, 김포하나로교회 의료 봉사, 안산의 구세

의료 선교회(2014년)

군 다문화 센터와 이주민 대상의 선교 활동 등 그리스도의 사랑을 품고 하나님 나라를 전하며 병든 자를 섬기는 귀한 사역을 감당하고 있다.

기관 선교회 중 가장 역사가 깊은 곳은 실업인 선교회다. 그리스도 예수 안에서 상호 교제와 신앙의 향상을 도모하고 기업과 직업을 통한 선교 사업을 전개함으로 실업인으로서 주신 하나님의 사명을 감당하고자 선교회가 시작되었다. 1982년, 한기만 목사의 권유로 실업인이 모여 결성되었고, 홀트 양자회 방문을 시작으로 불우한 학생들에게 장학금을 지원하고 대내적으로 어려운 곳에 재정을 지원하는 등 교회의 손길이 미치지 못하는 곳에 재정적으로 지원하며 선교 활동의 든든한 파트너가 되었다.

특히 실업인 선교회는 1990년 서울에서 진행된 세계 침례교인대회에 초청받아 온 소련 침례교회 목회자 153명을 진심을 다해 섬기며 중앙아시아 해외 선교가 시작되는 데 도움을 주었고, 이후 중앙아시아에 교회가 세워지는 데 건립 지원뿐 아니라 해외 개척 교회에 영성 훈련을 지원하는 등 교회의 선교 활동, 다양한 사역 지원에 이르기까지 교회 기관 선교의 중심 역할을 감당하고 있다.

여의도침례교회는 많은 교회를 돕는 과정 속에서 군 사역에도 꾸준히 관심을 가져 왔다. 대한민국 육군 부대 내 1,004개 교회 중 군종목사가 예배를 주관하고 있는 곳은 250여 곳뿐이라는 충격적인 사실 앞에서 군 선교회를 시작하였다. ROTC 출신의 성도들로 시작된 군 선교회는 2009년 결성 후 군부대를 방문하며 선교 활동을 시작했고, 2016년 군 선교회로 발족하게 되었다.

2011년부터 지금까지 11사단의 투호갈렙교회와 여호수아교회와 15사단의 반석교회에 3명의 목회자를 파송 하였다. 또한 교회와 함께 군선교에 헌신하는 분들의 귀한 헌금으로 여호수아교회 헌당을 비롯한 투호갈렙교회와 반석교회 및 용진교회의 친교실을 건립하였다. 2016년부터는 군종병 리더십 컨퍼런스를 개최하고 있으며, 교회 내 아웃리치 사역을 통해 지속적인 관계를 맺어오고 있다.

믿음을 가진 청년 장병들의 예배와 아직도 복음을 모르는 수많은 청년 장병들의 영혼을 구원하려면 황금 어장과 같은 군 교회에 전임 목사를 파견해야 했기에 그것을 두고 기도하던 중 담임목사님과 함께 실행위원들을 설득하여 국내선교회 군 선교 팀을 발족하여 부대에 전임 목사를 파송하기로 결의했습니다. 그렇게 처음으로 전임 목사를 파송한 곳이 보병 11사단 9여단 투호갈렙교회였고, 교회 성도들과 함께 그곳으로 가서

여호수아교회 헌당 예배(2016년)

파송 예배를 드렸습니다. 이후 군 선교회는 3개 군 교회에 목회자를 파송했고, 해마다 군부대 장병들을 위한 전도 축제를 개최해 다양한 봉사 활동으로 젊은 장병들을 섬기며 그리스도의 사랑을 나누고 있습니다.

2016년부터는 황금 어장과 같은 군부대 내의 용사들의 일상적인 전도 활성화를 위해 전도사의 역할을 하는 군종병들을 초청해 수양관에서 리더십 콘퍼런스를 열어 영적인 재충전을 할 수 있도록 했습니다. 군복이 아닌 사복을 입은 목회자들이 계급의 차별 없이 동네 아저씨와 같은 마음으로 장병들과 사랑을 나누 고 소통하면서 예수의 사랑을 전하다 보니 많은 청년들이 복음을 받아들이고 있습니다.[61]

현재는 코로나 팬데믹으로 군부대 내 집회가 금지됨에 따라 SNS를 통한 유튜브 중계로 온라인 예배를 통해 장병들과 신앙을 나누고 있다.

국명호 담임목사와 함께 2기 사역이 시작됨에 따라 전문성을 띤 기관 선교로의 확장이 이어졌다. 이는 교회 내 지체로서 기관이 든든히 세워져 가야 한다는 생각이 밑받침된 것이었기에, 군 선교회뿐만 아니라 교육관 1층에서 운영 중인 만남의 집 카페 수익금으로 선교지에 10개 교회를 세운 카페 선교회, 법조계 전문인들이 모여 성도들을 돕는 법조인 선교회, 기독 언론 매체와 협력해서 지역 사회의 문화 발전에 기여하고 있는 문화 선교회 등 여의도침례교회의 각 기관 선교회는 하나님께 받은 달란트를 적극적으로 선교에 활용해서 복음 전달자로서의 사명을 다하고 있다. 앞으로도 헌신된 성도들과 함께 더 많

---

**61** 김홍기 장로(군 선교회 고문) 인터뷰.

이 소외된 곳을 향해 빛과 소금의 사명을 감당하는 다양한 기관 선교 활동을 해 나갈 계획이다.

문화 예술 선교회는 대중문화의 다양한 영역에서 활동하는 문화 예술인으로 구성된 여의도침례교회의 기관 선교회입니다. 교회를 넘어 지역 사회에 대중문화를 통해 복음을 전하고 주님의 사랑을 전하는 사역을 감당하고 있습니다. 2014년, 문화 예술 선교회를 시작할 때부터 함께해 오면서 하나님께서 주신 예술적 은사를 사용해서 영혼을 구원하는 사명을 감당하고 있다는 점이 가장 큰 기쁨이고 은혜입니다. 주신 은사를 복음을 위해 쓸 수 있다는 것이 얼마나 기쁜지 모릅니다. 앞으로도 대중문화 예술이라는 매개체를 통해 복음이 친근하게 전달될 수 있도록 문화 예술 선교회는 적극적으로 사명을 감당해 나갈 생각입니다.[62]

## ■ 교회, 소외된 곳을 향하다

여의도침례교회는 선한 사마리아인과 같이 지역을 섬겼다. 교회가 시작될 때부터 성도들과 가난하고 소외된 이웃을 찾아가 예수의 사랑을 전하고 나누었는데, 처음에는 봉사부 소관으로 사역하다가 교회가 성장하고 활동이 활발해짐에 따라 구호 활동의 영역도 넓어지고, 사역의 내용도 다양해졌다. 시간이 지나면서 체계적이고 효과적인 구호

---

[62] 정영숙 권사(2014년 문화 예술 선교회장) 인터뷰.

활동을 전개하기 위해 1988년, 독립 부서로서 구호부를 창설해 독립적인 프로그램에 의해 본격적으로 구호 활동을 전개했다. 구호 대상 지역을 국내 전 지역뿐 아니라 국외까지 확대해 고아원, 양로원 돕기, 결식아동, 불우 이웃, 소년소녀가정 돕기 및 각종 재난 지원을 위시한 구호 활동을 벌이며 오늘에 이르렀다.

그러던 중 국명호 담임목사의 사역 2기를 맞아 지역과 함께하는 교회로서의 역할에 조금 더 충실하기 위해 담장을 넘어가는 사역, 사회 구호 활동을 조금 더 체계화하기로 했다. 복음 사역을 위해 지역 사회에 선하고 아름다운 영향력을 끼치기 위한 노력의 일환으로 그간의 물질적인 후원에 비중을 둔 것에서 새롭게 섬기는 사역으로 다각적으로 전개했다.

사회 구호 사역의 가장 큰 변화는 2019년 하반기에 '나섬 봉사단'을 설립한 것이다. 나눔과 섬김의 약자인 나섬 봉사단은 "네 이웃을

YBC 나섬 봉사단 창단식(2019년)

네 자신같이 사랑하라"(마 22:39)는 말씀을 따라 이웃 사랑을 실천하는 활동 목표를 가지고 있다.

나섬 봉사단은 물질 후원만이 아닌 여의도침례교회의 사회 구호부가 후원하는 여러 기관들과 협력해서 봉사 활동을 진행하는데, 각 복지 기관 및 저소득층을 방문해 손과 발로 사랑을 전한다. 그동안 굿윌스토어(장애인 일터) 봉사를 비롯해 월드비전, 초록우산 협력 사업, 신길 4동 저소득층 구호 등 11개 사회 복지 단체를 후원하고, 소외 계층 청소년들의 생활 지원과 신학생의 식비 지원 및 YBC 선행회를 통해 매년 30여 명의 은퇴 교역자 및 홀사모들을 후원하고 있다.

사회 구호부를 섬기면서 교회가 어떻게 지역 사회에 도움이 되고 주민에게 하나님의 사랑을 전할 수 있을지 고민하게 되었고, 타 지역에서 해 오던 저소득층 구호를 시작하게 되었습니다. 집사님들과 담당 목회자의 도움과 협조로 사전 준비부터 마무리까지 하면서 깨닫게 된 것은 '도심 빌딩과 큰 아파트 단지에 가려 정작 보이지 않는 공간에 소외되고 병들고 지친 이웃이 너무도 많다'는 것입니다. 2019년 담임목사님의 목회 비전에 따라 사회 구호 사업에 큰 변화가 시작되면서 사회 구호 활동이 다양해졌고, 지역 교회로서 지역을 섬기는 데 최선을 다하고 있음에 감사합니다. 그동안 생각만 있다가 결단하지 못한 많은 성도들이 적극적으로 구호에 참여하고 있는 것을 보며 지난 수년간 빛도 없이 이름도 없이 지역 사회를 섬겨 온 여의도침례교회를 향한 하나님이 주신 은혜라는 생각이 듭니다.[63]

---

**63** 변성식 집사(사회 구호부) 간증문.

2020년, 전 세계적인 코로나 팬데믹으로 나섬 봉사단의 외부 활동이 거의 불가능한 상태가 되었을 때 여의도침례교회는 발로 뛰는 봉사 활동을 잠시 멈추고 교회 차원에서 할 수 있는 방법으로 지역 사회를 위한 일에 나섰다.

교회가 속한 지역의 4군데 선별 진료소(영등포구 보건소, 동작구 보건소, 여의도성모병원, 성애병원)에 2천만 원의 헌금을 전달하며 그들의 노고를 위로했고, 이로 인해 어려운 이웃을 돕는 차원에서 영등포구에 헌금을 기탁하는 등 모든 활동이 멈춘 상태에서도 주민 센터 복지 팀과 협력해서 구호 기관들을 도왔다. 하나님께서 명령하신 이웃 사랑을 꾸준히 실천한 결과 서울시의 표창을 받았고, 교회 차원에서 할 수 있는 최선을 다해 사랑을 나누었다. 러시아와 우크라이나의 전쟁으로 인해 어려움을 당하고 있는 난민들을 위해 예수님의 사랑으로 조속히 회복되길 기도하며 1억 5천만의 격려금을 보내기도 했다.

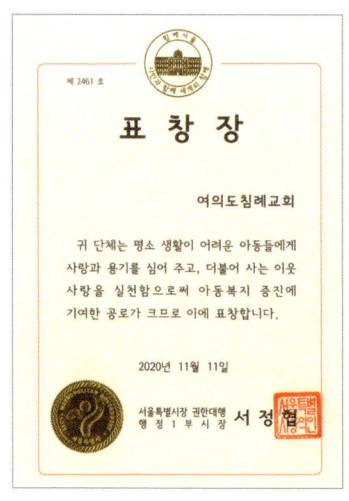

서울시로부터 받은 표창장(2020년)

여의도침례교회는 더불어 사는 교회다. 지역 주민을 돌보고 한국교회를 걱정하고 돕는다. 교회는 코로나19로 재정이 줄었지만 성탄절 때 저소득층을 위해 2000만 원을 내놨다. 교회 인근 선별진료소 4곳인 영등포구 보건소, 동작구 보건소, 여의도성모병원, 성애병원에도 2000만 원을 전달

코로나 극복 선별진료소 후원금 전달(2020년)

영등포구 저소득층 후원금 전달(2020년)

우크라이나 후원금 전달(2022년)

했다. 여러 아동 복지기관을 도운 공로로 지난해 11월엔 서울시 표창장을 받았다. 은퇴한 원로 목회자 부부를 위해서도 지난해만 4000만 원을 후원했다. 코로나19로 선교지를 오가도 못하는 선교사들에게 1억원을 지원했다. 최근에만 그런 게 아니라 고 한기만 목사가 1972년 교회를 창립하고 국명호 담임목사가 2013년 취임한 후 한결같았다.

교회의 더불어 사는 모습은 해외에서도 빛났다. 여기에서 더불어 산다는 것은 해외에 예수 그리스도를 통해 생명을 전하고 이들을 구원받게 하는 것이다. 교회는 중앙아시아에 집중적으로 복음을 전했다. 이로 인해 카자흐스탄엔 100여 개의 교회가 설립됐다. 세계적으로 전례 없는 예로 해외 지원으로 설립된 교회들이 총회를 이뤘다.

교회는 지금 동남아시아쪽으로 지경을 넓히고 있다. 베트남, 인도네시아, 캄보디아, 라오스 사람들과 더불어 살기 위해 선교사를 파송하고 이들에게 생명을 전한다.[64]

코로나 팬데믹 속에서도 여의도침례교회는 2021년 겨울, 의미 있는 행사를 주최했다. 2021년 성탄절을 앞둔 가운데 CTS 제작 팀이 교회를 찾아왔다. 코로나로 인해 사회적 갈등이 깊어지는 가운데 이 땅에 평화의 왕으로 오신 예수 그리스도의 탄생을 축하하는 성탄절을 의미 있게 전하기 위한 프로젝트를 기획하고 있다고 말했다.

"서울시에 행사 예산이 있는데 이 기획을 함께 진행할 교회를 찾고 있습니다. 소위 유명한 대형 교회를 찾아가서 의뢰하니 침례교단으로

---

[64] <국민일보> "이웃·선교 돕는 양날개 활짝… '위기 넘으면 부흥이다'"(전병선 기자), 2021년 1월 8일.

지역 주민과 함께하는 성탄 트리(2021년)

조선의 크리스마스(2021년)

가 보라고 하더군요. 그래서 문화 선교의 비전이 있는 여의도침례교회로 오게 되었습니다."

국명호 목사는 행사의 취지를 깊이 공감했다. 성탄이야말로 기독교계가 가장 적극적인 자세로 알려야 하는 소식인데다, 시간이 갈수록 삭막한 성탄절이 되어 가고 사회적 갈등이 심화되는 상황 속에서 세상에 조금이나마 위로와 평화를 전해 줄 거라는 기대 때문이었다. 이 일을 침례교회가 나서서 주최하는 것에 대한 의미도 있었기에 실행위원회에 안건을 올려 통과를 받아 CTS 기독교 TV가 함께하는 '조선의 크리스마스' 행사를 진행했다.

한국 기독교의 역사적 의미가 깃든 정동길 일대에 성탄의 불을 켜 우리나라 성탄절의 역사를 돌아보며 이 땅에 평화의 왕으로 오신 예수 그리스도를 전했다. 덕수궁 돌담길 300미터 거리에 구한말 조선 성탄절을 재연한 탄일등, 광조동방, 구한말부터 현재까지 대한민국 역사 속에서 볼 수 있는 성탄절 이야기 전시, 찬양팀의 버스킹 등 힘들고 지친 시민들에게 성탄의 기쁨을 나누었다. 이를 통해 성탄의 소식을 성도만 누리는 것이

한강문화축제(2022년)

아닌, 세상으로 나아가 만방에 전할 수 있는 담장을 넘어간 교회의 모습을 보여 줄 수 있었다. 이는 2022년 한강문화축제로 이어져, 여의도침례교회가 지역 교회로서 세상에 복음의 밝은 빛을 전할 수 있게 되었다.

    여의도침례교회는 여전히 소외된 곳을 향한다. 나눔과 헌신이라는 교회의 정신을 지역 사회에 전하고, 예수님의 사랑을 만민에게 전할 수 있는 지역 교회로 거듭나기 위해 교회의 문턱을 낮추고, 담장을 넘어 한 손에는 복음을, 다른 한 손에는 그리스도의 사랑을 가지고 세상을 향해 나아간다.

| 나오는 글 |

## The W.O.R.D 2.0, 다가올 희년을 준비하다

2022년 4월, 여의도침례교회는 창립 50주년을 맞아 부활의 기쁨을 기리고자 홈커밍데이(home-coming day)를 진행했다. 본교회 출신의 목회자들이 부활절 특별 새벽 기도회를 인도하며 곳곳에서 하나님이 허락하신 부흥의 사명을 안고 오직 예수를 전하고 있는 부흥의 현장을 경험하게 하셨다. 이는 3년째 이어지는 코로나 팬데믹의 여파로 인해 예배가 제한되고 모임이 어려운 가운데서도 여전히 교회를 향해 부흥의 문을 열어 놓고 계시고, 열방으로 흩어져 복음을 전하는 모습을 보게 하신 하나님의 은혜요, 선물이었다. 또한 지난 50년간 교회를 향한 하나님의 여전하신 사랑과 역사하심이 생생히 살아 있음을 느끼게 한 증거였다.

이러한 은혜의 역사를 걸어온 여의도침례교회는 희년의 기쁨을 누리는 해를 통과하며 다가올 희년을 향해 나아가고 있다. 지난 10년간 W.O.R.D 비전을 통해 2기 사역을 이어 갔다면, 앞으로는 W.O.R.D 2.0 시대를 열어 가려고 한다. 기존의 W.O.R.D에서 한 차례 업그레이드된 W.O.R.D 2.0은 현시대에 맞춘 교회 사역으로의 전환이다. 예배의 회복과 오직 예수를 증거하는 전도와 선교, 말씀을 통한 양육과 사랑의 헌신의 사역은 그대로 유지하되, 성경적인 틀 안에서의 자유로운 변화와 유기적인 협력을 꾀하며 나아가는 중이다.

예배는 더욱 예배다워질 것이다. 코로나 상황으로 비대면 예배가 익숙해진 시점에서도 예배의 거룩함을 회복하기 위한 노력은 계속되고 있다. 다만 시간과 공간을 초월한 예배가 가능해진 시점에서 예배에 대한 자율성을 확장시켜 나갈 것이며, 이를 통해 현재 있는 곳이 예배의 장소가 되고, 삶이 예배가 될 수 있는 훈련과 시스템을 마련하고 있다.

여의도침례교회의 정체성을 품고 있는 제자 훈련은 더욱 강화할 것이다. 물 타지 않은 복음의 진리를 향해 더욱 말씀으로 돌아가려는 노력으로 말씀을 공부하고, 온·오프라인을 활용한 다양한 접근의 제자 훈련을 이어 가려고 한다. 이러한 말씀을 통한 요람에서 무덤까지의 말씀 훈련으로 여의도침례교회의 성도들이 더욱 진리로 거룩하게 되기를 소망하며, 나아가 세상의 빛과 소금이 되고, 성도 한 사람, 한 사람이 평신도 사역자가 되어 한 손에는 그리스도의 사랑을 들고, 또 한 손에는 복음을 들고 세상을 향해 나아가기를 꿈꾼다.

무엇보다 새로운 희년을 향해 나아가는 2022년, 여의도침례교회는 하나님의 모으심과 흩으심에 반응하며 세상을 향해 나아갈 준비를 하고 있다. 담장을 넘어선 교회가 되어 세상을 향해 복음을 외치며 사랑을 전하고자 한다. 그동안 교회를 향해 베풀어 주신 말할 수 없는 은혜와 축복을 이웃과 나누고자 준비된 교회로서 봉사하며 나아가는 중이다. 지역 사회의 소외된 이들에게 사랑을 나누고자 나섬 봉사단이 활동하고 있는 가운데 보다 체계적으로 지역을 돕고 섬기기 위한 재단을 설립하였으며, 이를 통해 더 많은 이들에게 사랑이 전해질 수 있도록, 낮아지고 섬기는 교회가 되려고 한다. 뿐만 아니라 교회가 안식처가 되고, 교회가 집과 같은 공간이 될 수 있도록 모든 이들이 올 수 있게 열어 둘 것이다. 누구나 교회로 들어와 예배할 수 있고 그리스도의 사랑을 느낄 수 있는 하나님의 성전이 되기를 꿈꾼다.

또한 열방을 향해 흩으신 주의 명령을 좇아 더욱 세상을 향해 흩어져 복음을 전하는 교회가 되고자 한다. 지난 시간 선택과 집중을 통해 해외 선교의 길을 닦았다면, 이제는 지경을 넓히기를 기도하며 나아가는 중이다. 이미 중앙아시아라는 보여 주신 땅에 복음의 씨앗이 뿌려져 열매를 맺고 있는 본을 보여 주셨기에 일본과 동남아시아 등으로 지역을 확장시켜 복음을 전하고 있다. 해외 선교뿐만 아니라 국내 전도를 통해서도 복음의 확장을 이루며 더욱 세밀하게 흩으시는 하나님의 계획과 뜻을 실천하려고 한다.

이에 여의도침례교회는 WORD VISION이라는 교회 사역의 방향을 브랜드화할 계획이다. 이는 워드 사역을 진행하며 다양한 형태로 이미 열매를 거두고 있는 중이다. 예를 들면, 미자립 교회를 통한 지원과 함께 훈련된 목회자를 파송함으로 교회가 교회를 개척하는 새로운 개척이 시작되었고, 해외에 파송된 선교사의 2세를 지원함으로 해외 선교가 계승될 수 있도록 시스템이 마련되었으며, 국내에 들어와 있는 이주민을 위한 교회를 개척해서 그들이 복음을 듣고 자국으로 흩어질 수 있도록 훈련하는 등 하나님은 여의도침례교회를 통해 계속해서 길을 만들어 가고 계신다.

여기에 그치지 않고 여의도침례교회는 하나님의 흩으심에 반응하며 나아가려고 한다. 여의도침례교회는 모래땅 여의도에 복음의 깃발을 꽂은 지 50년을 지나고 있다. 인생 50세를 두고 지천명이라고 했지만, 여전히 우리는 하나님의 뜻을 다 알지 못한다. 다만 기도의 특권을 주셨기에 끊임없이 하나님의 뜻을 구하며 나아갈 뿐이다. 말씀에 의한, 말씀을 위한, 말씀을 향한 WORD VISION을 꿈꾼다.

## 축사

제가 남서울교회를 여의도침례교회보다 약 3년 늦게 개척했습니다. C.C.C.에서 학생 전도 사역만 하다 바로 교회 사역을 하게 되어 개인적으로 개척 초기에 어려움이 참 많았습니다. 그래서 교회에 참조가 될 다양한 사례를 살피던 중, 여의도침례교회가 네비게이토 성경 공부에 중심을 두고 개척되었다는 말을 듣게 되었습니다. 그리고 거기서 한기만 목사님을 처음 만나게 되었습니다. 한 목사님과 저는 당시 교회 개척 초기로 서로 바빠 자주 볼 수는 없었지만, 성도들을 하나님의 말씀으로 양육하여 섬긴다는 목표를 동일하게 가지며 각자의 사역을 했습니다.

당시 여의도침례교회의 성경 공부 방식은 많은 교회에 도움이 되었는데, 아마도 대한민국에서 성경 본문으로 평신도들이 공부한 첫 번째 교회가 아니었나 싶습니다. 이전에는 그 어디도 성경 본문을 직접 만나게 하지 않았습니다. 제가 섬기는 장로교회의 경우에도 교리 중심의 성경 공부가 대부분이었습니다. 그리고 이는 저뿐만 아니라 저와 평생 동지로 사역했던 옥한흠, 이동원, 하용조 목사의 교회에도 평신도들이 하나님의 말씀을 붙잡고 말씀에 충실한 삶을 사는 훈련을 할 수 있도록 영향을 주었습니다.

한 가지 아쉬운 점은, 위에 언급한 세 명의 목회자 외에 한 목사님과 더 깊은 교제를 하지 못한 것입니다. 그러나 한 목사님은 교회에 전심으로 집중해 사역하여 교회를 향해 충성을 다한 목회를 하셨습니다.

올해가 여의도침례교회의 50주년이라니 감회가 새롭습니다. 저도 이제 3년 후에는 남서울교회의 50주년을 맞이할 것입니다. 이 50년 동안 여의도침례교회가 말씀 안에서 건강하고 견고한 교회로 성장하게 된 것을 진심으로 축하합니다. 한 목사님의 평생의 헌신에 이어 후임인 국명호 목사님께서 힘차게 교회를 이끌어 가는 모습이 참으로 아름답습니다. 그리고 한국 교회 평신도들을 깨워 하나님의 말씀으로 양육하는 교회의 효시가 되어 준 것 또한 감사합니다. 많은 교회에 좋은 사례가 되었습니다.

한국 교회의 새 방향을 만들어 준 여의도침례교회, 우리 하나님께서 앞으로의 50년도 더 귀한 은혜를 주실 것을 기대합니다. 진심으로 축하드립니다.

홍정길(남서울은혜교회 원로목사)

여의도침례교회 창립 50주년을 축복합니다. 100년의 절반을 걸어온 세월을 감사합니다. 그냥 시간 때문이 아니라 복음 때문입니다. 복음으로 영혼들을 구원하고 양육한 세월, 그 고귀하고 거룩한 세월 때문입니다.

저는 지금도 그렇다고 믿고 있지만, 여의도침례교회가 태어나던 때에 복음은 흔하지 않았고, 복음 설교와 복음을 전하는 성경 공부도 희귀해서 복음적 교회가 소중했습니다. 한 사람, 한 사람을 복음으로 양육한 사람, 한기만 목사님의 복음의 열정이 그립습니다. 그의 소탈한 개인 전도자상이 그립고, 전도로 세워지던 교회상이 그립습니다. 그렇게 교회가 어느 정도 뿌리를 내리자 여의도침례교회는 세계 선교에 헌신함으로 복음의 영향을 땅끝으로 확산했고, 여의도를 넘어서는 교회로 발돋움했습니다.

어느 날 갑자기 천국으로 간 착한 목자. 그러나 주께서 예비하신 젊은 목자로 인해 교회가 다시 새 세대를 향한 꿈을 꾸고 그 나래를 한껏 펼치게 됨을 축복합니다. 오늘의 50년이 위대한 100년으로, 100세 시대와 함께 100세 교회로, 이제 복음의 어미 교회로 풍성하옵기를. 그 풍성함이 한국 교회의 풍성함이 되옵기를 축복하고 축복되어 축복의 통로 되소서!

주후 2022년 푸르른 계절을 품에 안고<br/>이동원(지구촌교회 원로목사)

1972년은 새로운 정부가 출범하면서 법이 개정되고, 북한에서도 주석제를 신설한 헌법 개정에 따라 한반도 전체적으로 가장 큰 변화가 있었던 해로 기억됩니다. 경제적으로 한국 경제가 북한을 압도하기 시작하면서 공업이 급속도로 고도화되었던 이때, 하나님께서는 정치와 경제의 중심지인 여의도에 영적으로 너무 귀한 여의도침례교회를 주의 종 고(故) 한기만 목사님과 11명의 성도를 통해 세우셨고, 어느덧 창립 50주년을 맞이함에 진심을 다해 축하를 드립니다.

하나님께서 여의도라는 지리적 공간에 당신의 말씀으로 이 교회를 세우심에는 많은 뜻이 있음을 지난 50년간 수많은 열매를 통해 엿보게 됩니다. 그리고 앞으로 다가올 50년을 말씀 안에서 사랑하고 존경하는 국명호 담임목사님을 통해 어떻게 이끌어 가실지 기대가 됩니다.

제 삶을 돌아보면, 하나님께서는 해석되지 않는 고난을 오늘 내게 주시는 한 말씀으로 해석하고 깨닫게 하심으로 당신의 교회를 세우셨습니다. 여의도침례교회에서 함께 묵상하고 적용하는 한 말씀을 통해 저와 같이 고난당하는 한 사람이 살아나 앞으로의 50년도 수많은 열매로 하나님께 영광 돌리길 축복하고 기도합니다. 너무 기대가 됩니다.

모쪼록 교회 창립 50주년을 맞아 모든 성도가 복음으로 인해 성령의 자유를 누리며 그 안에 하나님의 영광이 가득하길 기도합니다.

**김양재**(우리들교회 담임목사)

주님 안에서 여의도침례교회의 창립 50주년 기념 서적 출간을 진심으로 축하드립니다. 지금까지 걸어온 귀한 믿음의 족적들을 기억하며 진정 감사하는 교회가 되길 소망하고, 앞으로 걸어갈 아름다운 믿음의 유산을 남기는 교회로 성장하여 한국 교회와 침례교단에 기억되는 교회가 되길 소망합니다. 성령님이 역사하시는 예배(Worship)의 부흥을 통해 오직 예수님(Only Jesus)만 전파되고, 말씀을 중심으로 양육된 제자(Recognize the truth)들이 세상을 변화시키는 헌신(Dedication)의 행함이 있는 교회가 되길 기대합니다. 50주년 희년을 맞이함으로 다시금 하나님께로 돌아가고 말씀 중심으로 돌아가서, 고통당하는 모든 자들에게 참된 해방과 회복을 선포하는 귀한 사명들을 끝까지 감당하는 여의도침례교회가 되길 기도합니다.

**김병삼**(만나교회 담임목사)


할렐루야! 여의도침례교회에 희년의 축복을 주신 하나님을 찬양합니다. 오직 말씀과 선교를 위해 지난 1972년, 한기만 목사님에 의해 건강하고 복음적 침례교회인 여의도침례교회가 세워진 지 어느덧 50주년이 되었음을 먼저 축하드립니다.

8년 전 제2대 목사님으로 국명호 위임목사님을 세우고, 말씀과 성령 충만한 예배로 다음 세대를 세우고 세계 선교의 비전을 향해 나아가는 여의도침례교회 위에 임마누엘 하나님의 은혜가 충만하길 축원합니다. 특별히 소외되고 가난한 영혼들을 그리스도의 사랑으로 섬기는 소금과 빛이 되는 교회로 잘 자리매김하고 있음에 감사드립니다. 저는 실업인 선교회, 법조인 선교회, 의료 선교회, 문화 예술 선교회 등 다양한 선교회를 통해 교회의 지경을 확장시켜 온 여의도침례교회가 CTS와 함께 다양한 기독교 문화 사역을 전개함으로써 새로운 기독교 문화의 지경을 넓혀 가길 기대합니다.

다시 한 번 교회 설립 50주년을 축하드리며, 한국 교회와 세계 열방을 위해 귀히 쓰임 받는 여의도침례교회가 되기를 주님의 이름으로 축원합니다. 감사합니다.

**최현탁**(CTS 기독교TV 사장)


올림픽대로를 운전하다 여의도를 지날 때, 언제나 여의도침례교회를 반갑게 만납니다. 그리고 만날 때마다 잠시라도 여의도침례교회를 위해서 기도합니다. 그것은 아마 침례교회를 사랑하는 침례교 목사의 마음일 것입니다. 그러기에 제가 제일 많이 기도한 교회 중 하나가 여의도침례교회입니다.

여의도침례교회가 창립 50주년을 맞이한 것을 진심으로 축하드립니다. 지난 50년을 제삼자의 객관적인 눈으로 보면, 아름다운 50년이었습니다. 저는 여의도침례교회의 개척부터 성장의 과정을 흥미롭게 지켜보았습니다. 교회의 부흥과 성장을 통해 교회 내부에서 누리는 감사가 있지만, 교회 외부에서 누리는 감사도 있습니다. 저는 그 은혜를 경험했습니다. 한기만 목사님의 하나님 안에서의 꿈과 비전이 아름다운 열매를 맺었습니다.

여의도침례교회의 지나간 반세기를 감사하며 이제 새로운 반세기를 축복하고 싶습니다. 한기만 목사님의 리더십을 이어 국명호 목사님이 배턴을 넘겨받았습니다. 국명호 목사님을 만날 때마다 목사님의 꿈, 열정, 순수함을 경험합니다. 은혜의 반세기를 이어 온 여의도침례교회가 국 목사님과 함께 새로운 시대를 열 것을 확신합니다.

50주년을 진심으로 축하드리며, 마음을 다해 축복합니다.

**유관재**(성광침례교회 담임목사)

할렐루야!

여의도침례교회 창립 50주년을 진심으로 축하합니다.

여의도침례교회는 1972년 창립 이래로 신실하게 복음을 전하며 한 영혼이라도 더 구원하기 위해 애써 온 우리 교단의 자랑스러운 교회입니다. 1972년 한기만 목사님의 이름도 빛도 없는 헌신으로 시작해서 현재 국명호 목사님에 이르기까지, 여의도침례교회는 민족 복음화와 세계 선교를 위해 쉼 없이 달려왔습니다.

성경에서 50년은 희년의 해입니다. 희년은 출애굽의 은혜를 기억하며 감사하는 은혜의 해요, 하나님의 백성답게 다시 새로워지는 거룩한 해입니다. 하나님께서는 내부적으로는 건강한 공동체를 이루고, 외부적으로는 건강한 사회를 만들기 위해 희년을 허락하셨습니다. 여의도침례교회가 국명호 담임목사님을 중심으로 지금까지 인도해 주신 하나님의 은혜에 깊이 감사하고, 영적으로 더욱 순결하여 거룩한 하나님의 교회가 되기를 바랍니다.

고난과 영광의 시간이 공존한 50년, 하나님께서만 모든 영광을 받으시고,

여의도침례교회가 앞으로 50년, 100년 동안 세상을 환히 비추는 교회로 더욱 귀하게 쓰임 받기를 간절히 소망합니다.

**고명진**(기독교한국침례회 총회장)

50년 전 한국 사회가 6.25 전쟁의 아픔을 극복하고 성장할 무렵, 1972년 9월 1일 여의도침례교회는 베드로의 고백처럼 "주는 그리스도시요 살아 계신 하나님의 아들이시니이다"(마 16:16)라는 고백 위에 세워진 주님의 교회입니다. 이 신앙의 가치와 믿음의 기치를 50년 동안 한결같이 지켜 낸 교회입니다.

여의도침례교회는 건물의 크기보다 주님을 향한 마음이 크기를 바랐고, 건물의 화려함보다 주님을 향한 내면의 수려함에 힘썼으며, 세상의 소리보다 주님의 소리를 간구했습니다. 지역 사회의 아픔을 자신의 아픔으로 여겼고, 사회적 약자, 소외된 자를 자신의 친구, 자신의 가족처럼 품었으며, 지역 사회의 필요를 자신의 헐벗음으로 생각해 사랑과 섬김의 손길로 채웠습니다. 전대미문의 팬데믹 상황에도 전도와 선교의 물줄기가 끊어지지 않도록 여러 모양으로 복음의 생명력을 이어 갔습니다. 이 모든 것이 살아 계신 하나님의 아들을 믿는 믿음의 고백 위에 세워진 교회의 역할과 책임이기에 여의도침례교회는 그 걸음을 한시도 멈추지 않았습니다.

무엇보다 여의도침례교회는 고(故) 한기만 목사님 때부터 세계 선교를 주도하는 선교적 공동체입니다. 그리고 2013년부터 하나님께서 국명호 목사님을 통해 그 선교적 사명과 복음 증거의 사명을 탁월하게 감당해 오셨습니다.

2022년 9월 창립 50주년을 기념하며, 이제 과거의 영광을 뛰어넘어 하나님께서 보여 주실 더 큰 영광을 위해 진일보하는 여의도침례교회가 되기를 기도합니다. 포스트 코로나로 인한 새로운 목회 환경과 미궁에 빠진 국제 정세의 불확실성의 시대를 살아가고 있지만, 절대 진리 되신 우리 주님만을 붙들고 지금처럼 흔들리지 않는 진리의 등대로 어둠에 빛을 비추고 세상을 주의 빛으로 인도하는 여의도침례교회가 되기를 소망합니다. 우리 주님께서 동여매 주신 진리의 띠로 복음의 생명력을 세계 열방으로 전하는 주님의 귀한 교회가 되기를 원하고, 바라고, 기도합니다.

한국 교회의 선교를 주도하는 여의도침례교회의 50주년을 축복합니다.

**최성은**(지구촌교회 담임목사)

여의도는 한국 부흥의 진원지입니다. 전 세계가 주목했던 대형 집회들이 있었고, 그 열매로 수많은 목회자와 선교사, 사회 전반에 걸친 그리스도인 리더들이 배출되었습니다. 여의도는 마가의 다락방과 같은 역할을 감당했고, 대한민국 반백년의 역사 속에 그 영향력을 벗어난 사람은 없을 것입니다. 그 중심에 그 역사를 오롯이 함께 써 내려온 교회가 있습니다. 바로 우리 침례교회의 자랑, 여의도침례교회입니다.

대한민국의 영적인 진원지 한가운데 그리고 한강이 내려다보이는 곳에 자리 잡은 여의도침례교회. 한강의 물줄기가 바다를 향해 흐르듯, 여의도침례교회가 흘려보낸 예수 그리스도의 생수의 강은 전 세계로 흘러갔습니다. 여의도침례교회는 한 교회의 역량을 오래전에 넘어섰고, 선교 단체 이상의 선교를 해 왔으며, 선교의 불모지로 개척자들을 파송하고, 전략적 접근으로 오늘날 중앙아시아 선교의 교두보를 만들어 내었습니다. 한기만 목사님의 탁월한 통찰력과 추진력 그리고 국명호 목사님의 영적 감성과 시대를 읽는 감각을 통해 멈출 줄 모르는 성장과 선교를 이루어 내고 있습니다.

일찍이 말씀 교육으로 성도들을 그리스도의 제자로 세우고, 그들을 온 세상에 보내어 빛과 소금이 되게 해, 여의도침례교회 성도들의 아름다운 소문들이 여기저기서 들려오고 있습니다. 시대가 지날수록 야성을 잃고 쇠퇴하는 교회도 있고, 시간이 갈수록 더욱 빛나는 보석 같은 교회들도 있습니다. 여의도침례교회는 빛이 바래지 않는 보석 같은 교회입니다. 여의도침례교회는 빛 되신 하나님을 세상에 가장 영광스럽게 반사시키는 교회입니다.

앞으로도 그 영광의 빛이 가려지지 않고 그 빛을 등경 위에 두어 온 세상에 빛 되신 예수 그리스도를 비추는 교회가 되기를 축복합니다. 지난 50년의 세월을 지켜 온 성도님들과 중직 분들 그리고 목회자 분들께 감사의 말씀을 전합니다. 주께서 인도하신 지난 50년보다 주께서 인도하실 여의도침례교회의 앞으로의 50년이 더욱 기대가 됩니다.

　주님의 이름으로 다시 한 번 축하드립니다.

**최병락**(강남중앙침례교회 담임목사)


척박했던 여의도 땅에 한기만 목사님과 함께 미래 비전을 보며 세운 여의도침례교회의 생일을 축하드립니다. 복음으로 영혼을 구원하여 세상의 빛과 소금이 되게 하고, 또한 하나님의 말씀과 성령의 능력으로 세상을 변화시키는 교회가 되기 위한 비전으로 설립된 여의도침례교회!

　이제 제2대 담임 국명호 목사님과 함께 코로나19의 위기를 잘 극복해 가며 아름다운 모습으로 세워져 가고 있는 여의도침례교회를 축복합니다. 예배의 부흥, 십자가의 복음을 전하며, 선교와 전도, 제자 양육 그리고 사랑의 나눔을 통해 민족을 치유하는 귀한 교회로 더욱 건강하게 성장하길 기도합니다. 특별히 서경지방회와 함께 비전을 나누며 미자립 교회를 세우고, 많은 목회자들을 돕고 격려하는 귀한 섬김에 감사를 전합니다.

　지난 50년 동안 주 안에서 수고 많으셨습니다. 앞으로도 다음 세대를 훈련하여 한국을 믿음의 나라로 이끌어 나갈 영적 리더를 세우는 귀한 사역 위에 하나님의 크신 은혜와 축복이 함께하기를 기도합니다.

　또 다른 50년을 향해 교회의 모든 제직과 리더 그리고 온 성도가 하나 되어 여의도침례교회를 한국 교회의 상징이자 모델이 되는 교회로 든든하게 세워 나가기를 진심으로 기원합니다.

**국진호**(기독교한국침례회 서경지방회 회장)


예수 그리스도의 피로 형제자매 되고, 땅끝까지 복음을 전하라고 하신 그분의 명령에 헌신하는 여의도침례교회의 창립 50주년을 진심으로 축하드립니다.

　마태복음 16장 18절에 예수님께서 베드로에게 말씀하시기를, "내가 이 반석 위에 내 교회를 세우리니 음부의 권세가 이기지 못하리라"고 하셨습니다. 하나님께서는 오래전부터 지금까지 하나님의 부르심에 따라 그분의 뜻을 온전하게 행하는 진실로 아름다운 교회를 세우셨습니다. 여의도침례교회의 성도님들은 언제나 예수님의 십자가를 지며 이 세상을 구원하기 위하여 자신의 삶을 헌신해 주님의 사역을 하고, 하나님의 말씀 안에서 신실한 자로 서기 위해 노력했으며 지금도 하고 있습니다.

선교 사역은 이 시대에 성령님께서 인정하고 확증하시는 바른 길을 가고 있음을 보여 주는 과정이요, 하나님의 인도하심의 증거입니다. 이것은 하나님의 사역에 자신의 삶을 드린 성도들의 굳센 믿음의 결정, 영적인 담대함, 깊은 헌신, 높은 희생의 증거입니다. 하나님께서 마음에 심어 주신 꺼지지 않는 믿음의 불은 성도님들이 소명을 가지고 그분을 따르도록 인도했습니다.

알마티중앙교회는 오래전 고 한기만 목사님을 통해 전달되고 하나님의 부르심에 반응한 선교사들의 사역으로 실제화된 하나님의 계획의 증거입니다. 올해로 중앙아시아 선교 사역이 30주년을 기념했고, 알마티중앙교회 역시 비슷한 역사를 걸어가고 있습니다. 이 모든 것은 하나님께 선택되어 사용된 사람들의 삶과 사역이 저희에게로 향한 특별한 하나님의 축복이요, 끝없는 하나님의 사랑의 증거임을 떨리는 마음과 감사한 마음으로 받아들입니다. 거룩한 구원 사명을 가지고 잘 준비되어 카자흐스탄으로 온 선교사님들, 청년 전도 집회를 위한 선교 팀들, 초기 교회 건축을 돕기 위해 온 선교 팀들, 함께 영적인 제자로 세우고 성장하고 균형적인 세계관을 갖도록 도움을 주러 온 선교 팀들로 인해 지난 30여 년 동안 카자흐스탄, 키르기스스탄, 우즈베키스탄에 110개의 교회가 세워졌고, 5천 명 이상의 성도가 일어났습니다. 모든 이들이 합력해서 이룬 열매이고, 여의도침례교회의 헌신으로 하나님께서 몇 천 명의 삶을 변화시키신 것이기도 합니다.

이러한 은혜에 보답하는 마음으로 알마티중앙교회는 하나님 앞에서 장래의 사역을 더욱 분명히 하며 나아가려고 합니다. 하나님 앞에서 장래 사역의 방향성과 과정이 어떠해야 하는지 '가정 교회' 사역에 힘을 더해 주님의 몸으로서 놀라운 영적 변화를 경험하는 증인이 되겠습니다. 믿음의 불을 땅끝까지 전달하는 삶을 살겠습니다. 온 세상에 복음을 전하는 하나의 목적을 가지고 그룹을 이루어 단기 선교에 동참하겠습니다. 하나님의 부르심에 따라 가정 교회 세미나를 주관하여 개최하고 적극적으로 교회를 세우는 데 참여하겠습니다.

 이러한 성장의 열매를 맺고 앞으로 나아갈 수 있도록 헌신한 여의도침례교회에 감사함을 전하며, 교회 창립 50주년을 맞아 계속 이 땅에서 하나님의 뜻을 이루는 주님의 교회가 되기를 간절히 바랍니다. 교회를 향한 하나님의 뜻과 목표, 놀라운 승리, 소명과 합당한 열매가 있기를, 또한 '마음에서 마음으로', '믿음에서 믿음으로', '영광에서 영광으로' 전해지는 지치지 않는 믿음이 넘치기를 기도합니다.

**한 알렉산드르**(알마티중앙교회 담임목사)

## 여의도침례교회가 걸어온 길(연혁)

| | | |
|---|---|---|
| 1972년 9월 | | 여의도 시범아파트 내 여의도 유치원에서 11명의 성도가 한기만 목사와 창립 예배 |
| 1973년 1월 | | 남, 여전도회 시작 |
| 4월 | | 초대 집사 10명 임명(구완섭, 곽성일, 유민철, 허영재, 김옥춘, 장영심, 구정석, 이영자, 이정옥, 문귀옥) |
| 8월 | | 최초의 침례식 한강 광나루에서 거행 |
| 1974년 6월 | | 교회 대지 152평 구입 |
| 1975년 7월 | | 성전 건축 기공 예배 |
| 1976년 9월 | | 성전 입당 예배 |
| 1978년 3월 | | 침례유치원 개원 |
| 1979년 7월 | | 미국 39대 대통령 지미 카터 집사 본교회 방문, 예배 참석 |
| 1980년 4월 | | 집사 안수 예배(금동혁, 김봉태, 김성진, 박근재, 서옥병, 송진언, 윤승국, 이태섭, 정문필, 조용하, 조관규, 차도윤) |
| 1981년 1월 | | 한기만 목사 한국 침례교 진흥원 이사장 취임 |
| 3월 | | 성전 본당 증축 기공 예배 |
| 1982년 9월 | | 창립 10주년 새 성전 입당 예배 |
| 1983년 3월 | | 교구 시작 |
| 7월 | | 성전 증축 공사 완공 |

| | | |
|---|---|---|
| 1984년 2월 | | 실업인 선교회 시작 |
| | 8월 | 빌리 그레이엄 목사 방문 |
| 1985년 12월 | | 집사 안수 예배(고학균, 김창진, 박은근, 오경만, 이학수, 정덕환, 최민호, 한을정) |
| 1987년 9월 | | 의료 선교회 시작 |
| | 12월 | 집사 안수 예배(이창규, 권혁창, 김정곤, 박승호, 이강식, 이재호, 전익환, 이수욱) |
| 1988년 2월 | | 남한강 공원 묘원 매입 |
| | 7월 | 한기만 목사 기독교한국침례회 해외선교부 이사장 취임 |
| 1990년 2월 | | 집사 안수 예배(김광은, 박세직, 이경연) |
| | 8월 | 세계침례교인대회 |
| | 11월 | 소련 전도 대회 |
| 1992년 5월 | | 장심리 수양관 개관 |
| 1996년 12월 | | 집사 안수 예배(김홍기, 박태웅, 윤석훈, 이용문, 이용학, 조용선, 최수년, 황봉식, 이정완) |
| 1999년 4월 | | 집사 안수 예배(김광인, 김성수, 김용태, 김황조, 송두엽, 이촉엽, 정춘근) |
| 2001년 5월 | | 알마티중앙교회 헌당 |
| | 9월 | 교육관 입당 예배 |
| 2002년 3월 | | 중앙아시아 침례신학교 설립 |
| 2003년 5월 | | 중국 신풍교회 헌당 |
| 2004년 12월 | | 집사 안수 예배(강창희, 고영박, 곽명세, 김문보, 김종하, 박창오, 변재익, 안영모, 안종만, 윤정선, 이광훈, 이명윤, 이수곤, 이용식, 이원성, 황영섭) |
| 2005년 4월 | | 중국 칭다오 열방교회 지교회 설립 |

| | | |
|---|---|---|
| 2006년 11월 | | 카자흐스탄 살렘교회 헌당 |
| 2007년 5월 | | 집사 안수 예배 (김두수, 김충배, 민영석, 성낙웅, 이계출, 이영권, 정덕구, 조광현) |
| | 5월 | 명예장로 임직 예배 (권태완, 김도민, 김제진, 박성규, 박진서, 윤종수, 이규항, 이근엽) |
| 2008년 12월 | | 집사 안수 예배 (김갑찰, 김성주, 김학기, 박찬규, 박형서, 이강현, 이원우, 장복동, 정재두, 최윤철, 하성전) |
| 2009년 1월 | | 독일 베를린침례교회 지교회 허입 |
| | 6월 | 중앙아시아 리더십 콘퍼런스 개회 |
| | 7월 | 일본 오사카중앙교회 지교회 허입 |
| 2011년 1월 | | 법조인 선교회 시작 |
| | 1월 | 군 선교회 시작 |
| | 2월 | 독일 베를린침례교회 개척 |
| | 10월 | 제2대 담임목사로 국명호 목사 사무처리회 인준 |
| | 12월 | 국명호 목사 공동 목회 시작 |
| 2012년 9월 | | 창립 40주년 기념 예배 한기만 담임목사 명예철학박사 학위수여식 |
| | 12월 | 명예장로 임직 예배 (곽명곤, 김도언, 유현, 이순석, 이승구, 이승만, 이우용) |
| 2013년 1월 | | 새대전침례교회 형제 교회 허입 |
| | 2월 | 한기만 목사 원로 추대 및 2대 국명호 담임목사 취임 |
| 2014년 1월 | | 통일 선교회 시작 |
| | 1월 | 한기만 목사 소천 |
| | 6월 | 곤지암 아우름교회 창립 예배 |
| | 7월 | 15사단 용진교회 교육관 헌당 |
| | 12월 | 문화 예술 선교회 시작 |
| 2015년 2월 | | 필리핀 라사뚜한교회 헌당 |
| | 4월 | 미국 남침례신학대학교와 중앙아시아 침례신학교 MOU체결 |

| | | |
|---|---|---|
| | 6월 | 아웃리치 사역 시작 |
| | 11월 | 중앙아시아 침례신학교 부지 구입 및 리모델링 |
| 2016년 1월 | | 교정 선교회 시작 |
| | 5월 | 본당(리모델링) 입당 예배 |
| | 6월 | 대전 행복한우리교회 형제 교회 명칭 변경 |
| | 11월 | 홍천 11사단 여호수아교회 헌당 예배 |
| 2017년 1월 | | 교육관 유아실, 만남의 집 리모델링, 만남의 집 명칭 the WORD로 변경 |
| 2018년 3월 | | 금요 시니어 예배 시작 |
| 2019년 1월 | | 서경지방회 가입 |
| | 9월 | 나섬 봉사단 창단 |
| 2020년 1월 | | 동북제일교회 형제 교회 허입 |
| | 2월 | 우즈베키스탄 소망침례교회 입당 |
| 2021년 4월 | | 국내 미자립 교회 CPR 프로젝트 사역 시작 |
| | 7월 | 대구 섬김의교회 개척 예배 |
| 2022년 8월 | | 나섬재단 설립 |
| | 9월 | 창립 50주년 기념 예배 |
| | 9월 | 명예장로 임직 예배(강한욱, 고재복, 권우상, 권태형, 김경화, 김철수, 김형상, 류재귀, 문만종, 박준기, 이석형, 이순호, 이원균, 이은양, 이진용, 이창경, 임철수, 임태선, 조갑제, 조석일, 차승주, 최병성, 최상규, 한경석, 한상건, 한일해) |
| | 9월 | 집사 안수 예배(김희동, 문성준, 박환수, 변성식, 신현준, 양승림, 오세백, 이관득, 이명기, 이승준, 이원석, 임익모, 임재훈, 주우진, 한영수, 황현성) |